ベーシック・インカム入門

無条件給付の基本所得を考える

山森亮

光文社新書

ベーシック・インカム入門 § 目次

はじめに　ベーシック・インカムとは

１９６８年、アメリカ合衆国の公民権活動家・キング牧師が呼びかけた「貧者の行進」がワシントンに集結してから四十年以上が経つ。その直前に暗殺されたキング牧師その人や、「私には夢がある」と繰り返される演説は有名だが、この「貧者の行進」でキング牧師がどのような政策を要求していたのかは、今日ほとんど忘れ去られてしまっている。

彼が要求していたのは「保証所得」と呼ばれる政策だ。この政策の考え方は簡単だ。

すべての個人が無条件で生活に必要な所得への権利をもつ。

同様の考え方はこの時期のアメリカだけではなく、ヨーロッパ各地でも唱《とな》えられた。その後、この政策構想は学問的にも議論が深まり、現在では「ベーシック・インカム（基本所得）」という呼び名で知られている。

このベーシック・インカムとは具体的にどのような仕組みを指すのだろうか。

例えば医療、教育、介護、保育、住居などにかかるお金がほぼ無料に近い社会を想定してみよう（完全無料とまではいかなくても、日本に比べれば格段に安い先進国は沢山ある）。そうした社会で、仮に毎月1日にすべての成人の銀行口座に国から10万円が振り込まれ、子どもには7万円が振り込まれるとする。2人の子どもを育てているシングルマザーであれば、3人で合計24万円の給付を受ける。子どもを保育園に預けて「働き」（家で子どもを育てることも「労働」だと思うが、世間的な用語法にとりあえず従っておく）に出ることによって得られる収入が手取りで10万円だとすれば、それと3人分のベーシック・インカム24万円をあわせた34万円が、その家庭で使える1ヵ月分の金額ということになる。

現行制度がもつ、収入が途絶えたときの生活保障の基礎部分にあたる、基礎年金や雇用保険、生活保護の大部分は廃止されてベーシック・インカムに置き換わる。この仕組みでは全ての人にお金が支給されるため、生活保護を受けられずに餓死する悲劇も「消えた年金」問題もない。苛酷な環境で働いている労働者は過労死する前に仕事を辞められるし、そもそも企業側も社会保険の使用者負担から解放されるので、一人の人を長時間働かせるより雇用を増やすかもしれない。

この「無条件給付」という特徴が、現行の所得保障制度とベーシック・インカムとの違いのうち最も特筆すべき点なのだが、この点について疑問を抱く人が多いだろう。

その疑問は大きく分けて二通りある。その一つは、生活に困っている人のための救済措置ならわかるが、お金持ちにも給付するのは馬鹿らしくはないか、というものである。もう一つは、働く気のない怠け者に給付するのは良くないのではないか、というものである。この「働かざる者、食うべからず」という批判は何も、取られる税金と給付されるベーシック・インカムを比較した場合、自らは「持ち出し」になるばかりと考える人たちだけがそういうのではなく、自らは給付を受ける額が多くなるかもしれない人たちのあいだでさえも、無条件給付という考え方に抵抗を感じる向きは少なくない。

実は本書を執筆している私自身、１９９０年代の初頭にベーシック・インカムについて初めて耳にしたとき激しい嫌悪感をおぼえた。当時、日雇労働者たちの労働運動のまわりをほんの少しだけうろうろしていた私は、そこで見聞きした現実にひきつけて考えた場合、ベーシック・インカムは何か的外れな話に聞こえた。そのときに覚えた違和感は以下のようなものである。不払いになっている給料の支払いを求めているのに、施しとしてお金を渡されるような感覚。あるいは、無罪判決を求めているのに恩赦だといわれてしまうような、そんな違和感である。この違和感について、現在の私がどのように考えているかは本書のおわりで触れることにするが、無条件の所得保障というベーシック・インカムの考え方は、共感であれ反感であれ、個人の生き方や感覚に根ざした反応に直面することが多い考え方であるようだ。

無条件給付という特徴とともにベーシック・インカムがもつもう一つの特徴は、それが個人単位で給付されることである。現行の所得保障の仕組みは、家族単位で考えられているものと個人単位で考えられているものが混在しているが、ベーシック・インカムの導入は個人単位中心の所得保障への大きな一歩となる。このことも個人の生き方や感覚に根ざした共感や反感をひきおこす理由であろう。

ベーシック・インカムは直接的には新しい社会保障の考え方であり、何より貧困問題の解消に一役買うことができると私は考えているけれども、本書は社会保障についての技術的なものではなく、もう少し別のものを目指している。個人の生活と社会の関係、労働とは何か、といった事柄について改めて考えてみる、そんな本のつもりである。

というのも、私自身がこの考え方に惹かれているのも、またこの考え方を通じて出会った友人たちとの間で議論となるのも、お金の問題であると同時にお金の問題に留《とど》まらないからである。現代の私たちが持つ生きづらさや閉塞感は、生きるためにはお金が必要であり、そのお金を得るために社会が私たちに要求することの理不尽さから来ている。

例えば、私たちが生きている社会は、生きるためには長時間の賃金労働に従事せよと要求する一方で、子どもが熱を出したときに保育園に迎えにいこうとする労働者は要《い》らないということがしばしばある。この場合、社会が私たちに要求しているのは、単に生きるためには賃金労働に従事せよ、ということだけではなく、子どもが欲しければ二人親家庭を築き維持し、フルタイムで働くのはそのうち一人にせよ、ということである（昨今、格差や貧困が急にメディアに取り上げられるようになったが、それはこのような社会の要請に従っても貧困から抜け出せない人が増えてきたからであり、このような社会の要請に従わない人々の格差や貧困は昔からあった）。つまり、私たちは家族のあり方、働き方について自由に選択できるのではなく、社会が要請する制約のなかに生きている。

ベーシック・インカムという考え方は、そうした社会が私たちに要求する事柄に変化をもたらしうる。この息苦しい社会のなかで、完全な形でのベーシック・インカムなどすぐには実現しそうもないかもしれないが、それでもこの考え方について議論することに今ここでの解放感があるとすれば、それは将来に起こりうることへの希望だけではなく、この新しい所得保障について語ることが、今は社会から否定されている生き方の肯定につながる部分があるからだろう。

さて、冒頭に紹介したキング牧師は、シングルマザーたちの運動から多くを学んだ。彼女たちはその運動を通じて、育児・介護などの家事労働への「生活賃金」として保証所得を要求した。「家事労働」とサラッと述べたけれども、家事が労働かどうかは人によって意見が分かれるだろう。ひところ「三食昼寝つき」と主婦を揶揄《やゆ》する表現があったように、家事を労働とみなさない考え方の方が支配的だった。

これに対して、家事・育児などが主に女性によって担われ、そのことが女性の地位を不安定にしていることを変えようとする女性たちの運動が１９７０年前後に世界のあちこちであった。そこでは、「家事は労働である」と定義し直された。実はこれらの運動のなかでベーシック・インカムが要求されていた。従って本書は、フェミニズムの問題提起ともどこかで繋がっている。私たちの社会は、賃金労働だけではなく、家事などの不払い労働によっても支えられているのではないか。

近年ではとりわけヨーロッパで、グローバリゼーションのなかで進展する新しい経済状況や労働形態との関係で、一方では不安定就労者や失業者たちの運動や緑の党などの運動の中から、他方では経営者サイドからもベーシック・インカムが要求されだしている。

その背景として、グローバリゼーションのなかで、旧来の福祉国家において企業に課される社会保険料の使用者負担などが重荷に感じられてきているということがあるだろうし、また、そもそも旧来の雇用慣行が現実の経済の動きにそぐわなくなってきているという面もあるだろう。こうした新しい状況のもとで、人々の生活をどのような形で保障するのか。それは賃金なのか、それとも給付なのか——。こうしたことが様々な立場から、ベーシック・インカムへの賛否を伴いながら議論され始めている。すなわち本書は、グローバリゼーションのもとで、個人の生活は企業や国家とどのように関係するのか、といったことを考え直すものでもある。

一方、ベーシック・インカムという考え方には200年余りの歴史がある。ベーシック・インカムを給付する根拠については、様々な議論がその長い期間にわたってなされてきた。

例えば、次のような根拠付けには長い歴史がある。

それは、私たちが現在享受している社会の富が、現在の私たちの労働からだけではなく、過去の世代の労働の遺産からもなりたっているとすれば、その分は私たち全てが平等に継承できるものではないのか、というものである。また、例えば私たちは、この地球に等しく生まれ落ちたという点で平等であるなら、一定の土地を平等に与えられなくてはならない、というものである。この考え方から、その土地が一部の人たちの私有に任されていることの補償としてベーシック・インカムを正当化する議論もある。だから本書は、富の源泉や所有といったことを根本に立ち返って問い直す議論も含む。


つまり、本書のテーマは、ベーシック・インカムという考え方を概観することを通じて、労働、ジェンダー、グローバリゼーション、所有（何が自分の持ち分なのか）といった問題について考えていくものである。

まず第1章では、ベーシック・インカムの概要を説明してから、それとの対比で、先進国に共通する現行の所得保障の考え方を概観する。ついで日本ではセーフティーネットが機能していない現実に触れる。現在の日本では自立支援と呼ばれる動きがあるが、これはワークフェアと呼ばれる、英米などの動きを追っているものである。いくつかの国では、このワークフェアへの対案としてベーシック・インカムが議論されていることを紹介する。

第2章では、アメリカやイギリス、イタリアでベーシック・インカムを実際に要求した女性たちを中心とした運動を紹介する。なぜ既存の福祉国家の仕組みではなくベーシック・インカムなのかが、それらの運動のなかで良く語られているからである。つづく第3章では、それらの運動のなかから出てきた理論を紹介する。また、その論理と似たものが日本の障害者運動にもあったことを紹介する。労働を問い直す議論の日本での蓄積は、障害者運動による貢献が大きいからだ。

第2、第3章と、社会運動との結び付きのなかでの議論を取り上げたが、ここで間奏としてちょっと一休みして、哲学者たちの議論を簡単に紹介する。ここまでの議論が労働概念の捉え直しと拡張にあるとすれば、ここで紹介する議論は労働の相対化である。

第4章では時代をさらに遡《さかのぼ》って、ベーシック・インカムという考え方が歴史的にどのようにでてきたのかを説明する。第5章では、20世紀半ばからの経済学者による議論を概観する。そこでは、労働インセンティブの問題、技術革新との関係、税制との関係などについての議論が紹介される。第6章では、２００８年6月にアイルランド・ダブリンで開かれたべーシック・インカム世界会議の様子などをとっかかりに、ベーシック・インカム運動の現在を紹介する。また〈緑〉の運動との関連についても触れる。

別に順序立てて読んでもらわなくても構わない。例えば無条件の所得保障という発想に違和感を覚えるのなら、どのような違和感を一番強く覚えるかで最初に読むべき章は変わってくるかもしれない。「働かざる者、食うべからず」と思う人は第1章から。一部の学者の空論ではないかと思う人は第2章から。哲学的な深みに欠ける、お金についての薄っぺらい話だと思う人は第3章から。新奇でSF的な法螺《ほら》話だと思う人は第4章から。まじめな経済学者はこんな話は相手にしないだろう、と思う人は第5章から。グローバリゼーション下での福祉拡大なんて無理だと思う人は第6章から読むのも一法だ。

第1章　働かざる者、食うべからず

——福祉国家の理念と現実

ベーシック・インカムとは、今ある所得保障の仕組みを根本的に別のものに組み換えよう、というものである。それは同時に労働、家族関係などに対する国家の関わり方をも変化させる。

この章では、まず、ベーシック・インカムがこれまでの所得保障の仕組みとどのように異なり、どのような利点があるといわれているのかを概観する（第1節）。一方、ベーシック・インカムの利点とは、裏を返せば現行制度の欠点でもある。従って、次に現行制度の特徴をおさらいする。第一に、いわゆる先進国と呼ばれる国々に共通する所得保障の考え方を概観する（第2節）。第二に、そうしたいわば「世界標準」の考え方に基づいているはずの日本の所得保障の仕組みが、現実には機能不全に陥っており、ベーシック・インカムが解決策の一つとなりうることを見ていく（第3節）。第三に、所得保障が日本よりはうまく機能しているように見える国々でも様々な問題を抱えており、そうしたなかでベーシック・インカムが対案として浮上してきていることを紹介する（第4節）。

1-1　ベーシック・インカムの概要

ベーシック・インカムの定義と魅力

「はじめに」でも触れたように、ベーシック・インカムは、全ての人が生活に必要な所得を無条件で得る権利がある、というものである。本書全体を通じて見ていくように、200年余り前から議論されていて、現在では世界のあちこちで要求されているから、より詳しく定義しようとすると論者による違いもでてくる。

以下では、アイルランド政府が2002年に出した「ベーシック・インカム白書」での記述からより詳しい定義を紹介しよう。なぜならこの定義は、先進国における議論の最大公約数的なものをよく表していると同時に、政府の報告書という性格上、それなりにバランスのとれた記述となっているからである。

▼個人に対して、どのような状況におかれているかに関わりなく無条件に給付される。
▼ベーシック・インカム給付は課税されず、それ以外の所得は全て課税される。

▼給付水準は、尊厳をもって生きること、生活上の真の選択を行使することを保障するものであることが望ましい。その水準は貧困線と同じかそれ以上として表すことができるかもしれないし、「適切な」生活保護基準と同等、あるいは平均賃金の何割、といった表現となるかもしれない。

以上が同白書によるベーシック・インカムの定義である。さらに同白書は鍵となる特徴として、以下の諸点を挙げている。

（1）現物（サービスやクーポン）ではなく**金銭で**給付される。それゆえ、いつどのように使うかに制約は無い。
（2）人生のある時点で一括で給付されるのではなく、毎月ないし毎週といった**定期的な支払い**の形をとる。
（3）公的に管理される資源のなかから、**国家または他の政治的共同体（地方自治体など）によって**支払われる。
（4）世帯や世帯主にではなく、**個々人に**支払われる。

（５）**資力調査なしに**支払われる。それゆえ一連の行政管理やそれに掛かる費用、現存する労働へのインセンティブを阻害する要因がなくなる。

（６）**稼働能力調査なしに**支払われる。それゆえ雇用の柔軟性や個人の選択を最大化し、また社会的に有益でありながら低賃金の仕事に人々がつくインセンティブを高める（例えば現行の日本の生活保護では、個々人ではなく世帯単位で給付される。その給付を受けるためには、所得や資産などを調べる資力調査を受けなくてはならないし、稼働能力の有無も問題となる）。

以上のような特徴をもつベーシック・インカムの魅力として同白書は、以下のような点を挙げている。

（Ａ）現行制度ほど複雑ではなく単純性が高い。行政にとっても利用者にとっても分かりやすい。資力調査や社会保険記録の管理といった、現存の行政手続きの多くは要らなくなる。

（Ｂ）現存の税制や社会保障システムから生じる「貧困の罠」や「失業の罠」（第５章で

説明）が除去される。

（C）自動的に支払われるので、給付から漏れるという問題や受給に当たって恥辱感（スティグマ）を感じるという問題がなくなる。ベーシック・インカム給付のために必要な増税は、ベーシック・インカムという形で市民に直接戻される。

（D）家庭内で働いてはいるが個人としての所得がない人々のような、支払い労働に従事していない人を含む全ての人に、独立した所得を与える。

（E）（生活保護のような）選別主義的なアプローチは相対的貧困を除去するのに失敗してきた。児童手当やベーシック・インカムのような普遍主義的なアプローチの方が効果的かもしれない。

（F）以下の諸点でより公正で結束力のある社会を作り出すだろう。

▼仕事や雇用と親和的である
▼衡平性を促進し、少なくとも貧困を避けるために必要な水準の所得を確保する
▼税負担をより衡平にする
▼社会保障と税の体系を個人単位に変えるための一つの公正な方法を提供する
▼男女を平等に扱う

▼透明性がある
▼労働市場において効率的である
▼家事や子育てなどの、市場経済がしばしば無視する社会経済における仕事に報いる
▼さらなる教育や職業訓練を促進する
▼技術発展や非典型的な働き方などを含む、グローバル経済における変化に対応する
▼ベーシック・インカム導入に付随する様々な経済的社会的改良から良い動態的効果が生まれる

ここで挙げられている特徴や利点は、現行の社会保障制度の特徴との対比であり、その欠点の裏返しでもある。社会保障の仕組みは、社会がどのような労働を尊重し、またどのような市民間の結びつき（例えば家族）を尊重するか、またどこまでを政府の責任とみなすか、などを前提にして成立している。

このような社会保障の仕組みとそれを支えている価値観とをあわせて、「福祉国家」と呼

ぶことができる。第二次大戦後、先進国と呼ばれる国々は、国ごとに濃淡はあれ、福祉国家的な要素をもつ社会を形成してきた。本章以下では、各国に共通するその理念や、日本や他の先進国における現実を概観することを通じて、上記ベーシック・インカムの特徴や利点が意味するところの一端を解説していこう。

1-2　福祉国家の仕組み

貧困の発見から福祉国家へ

国が人々の生計を保障するという考え方は長い歴史をもっている。例えば大昔の律令国家は、耕作地を臣民に分配することでまず生計を立てさせようとした。他方、困窮している人々に対して、慈善という形で救済活動を行う人々も古くから存在した。

国であれ地方であれ、貧困への対応として現金給付を行政機関が行いだしたのは200年余り前のことだと言われている。ちょうど私たちが資本主義として知っている経済の仕組みが産声をあげた頃である。実はその頃、ベーシック・インカム的な提案も出現するのだが、そのあたりは第4章で詳しくみることにして、ここでは人々が労働力を売って賃金を得る労働者として生活していくことが広がりだした19世紀半ばごろに、どのような所得保障の考え方が一般的であったのかから話を始めよう。

その頃は所得保障やその他の社会政策を立案する立場の人々にとって、貧困層というのは全くの〃他者〃であった。彼らにとって貧困層は「怠惰で」「危険な」人々として認識されていた。さらに、貧困層には国家による救済に「値する」人々と「値しない」人々の二種類がいると考えられていた。

例えば19世紀ビクトリア時代のイギリスでは、貧困者のうち高齢者、障害者などが「救済に値する貧民」であった。これに対して高齢でも障害者でもない労働可能な貧困者（ワーキングプア）は「救済に値しない貧民」だとされ、労働規律を徹底的に植え付ける方針をとった。「危険」であるからワークハウスと呼ばれる収容施設へ隔離され、そこで「怠惰」な性根を鍛え直される、というわけである。また「劣等処遇の原則」が謳《うた》われ、救済に値する貧民であれ、値しない貧民であれ、福祉受給者は一般市民より劣等に処遇されるべきだとされた。そこではある人が貧しいとすれば、それは社会の側に問題があるのではなく、貧しい個人の側に問題があるのだと考えられていたのである。

いや、社会の側に問題がある、と考えた人もいたには違いないだろうが、そうした人々が政策立案者のなかに多く現れるようになるのは19世紀末から20世紀初頭にかけてである。例えば労働者を雇う側の経営者のなかで良心的な人々が、自分たちが雇用している労働者の惨状に気づき貧困調査をする。あるいは戦争を行う国が、徴兵した自らの兵士たちの栄養失調ぶりに驚く。こうした一連の出来事をへて、一部の「危険な」階級の極貧ではなく、一般大衆の貧困がいわば「発見」されていったのがおよそ100年前のことである。

そうした支配層のあいだでの「社会問題」としての貧困の発見は、例えば労働災害への補償など、様々な形で新しい政策へと反映していくが、所得保障の枠組み自体が大きく変わったのは第二次大戦後のことである。この大戦のさなかイギリスでは『ベヴァリッジ報告』と呼ばれる、新しい所得保障の仕組みの青写真を示す政府委員会の報告書がまとめられる。当時イギリスでは敵国ドイツのような戦争(warfare)国家ではなく、福祉(welfare)国家を目指すということが謳われていた。そうした状況下、戦後の新しい所得保障の仕組みは、英語圏を中心に福祉国家と呼ばれてきた。

この福祉国家の理念は、国ごとに濃淡はあれ、おおよそ以下のようなものである。

① **完全雇用**の達成(個人にとっては、仕事は探せばある、仕事に就けば食べられる)

を前提とした上で、

②一時的なリスクには、事前に諸個人が保険料を拠出する**社会保険**が対応し、それでも無理な場合は例外的に、

③セーフティーネットとして生活保護など、無拠出だが受給にあたって所得などについての審査を受けなくてはならない**公的扶助**と呼ばれる給付を行う。

②で触れた社会保険で何が行われるかは国によって異なる。例えば年金は日本では社会保険であるが、オーストラリアでは公的扶助である。医療は日本では社会保険であるが、イギリスでは全額税金によって運営されるサービスであるし、逆にアメリカでは民間に任されている。

具体的な制度としてはこのような相違はあるものの、大枠としての理念は共通しているといってよいだろう。図示するとこんな感じだろうか（図表1、30ページ）。生活保護をセーフティーネットという比喩的表現で表すのは政府も経済学者も行っており、いわば政策立案者側の共通了解となっている。このような既存の福祉国家の仕組みを、本書では**保険・保護モデル**と呼ぼう。社会保障が社会保険を中心に組み立てられ、そのあと補足的に生活保護な

どの公的扶助が適用されるという二段階の仕組みとなっているからである。

もちろん、福祉国家と呼ばれるすべての国々が、この理念通りにうまくいっているわけではない。ここではまず、日本での現実はどのようになっているのかを概観してみよう。

1-3 日本の現実

極端に低い数字

まず前記①の完全雇用は達成されていない。仕事は探せばあり、仕事に就ければ食べられるのであれば、「ワーキングプア」などという言葉は流通しない。②の社会保険は年金、医療、失業、労働災害などを対象に制度化されている。「消えた年金」などの報道は社会保険の信頼性に疑問を投げかけているが、この問題はここでは深く立ち入らないことにする。

図表1

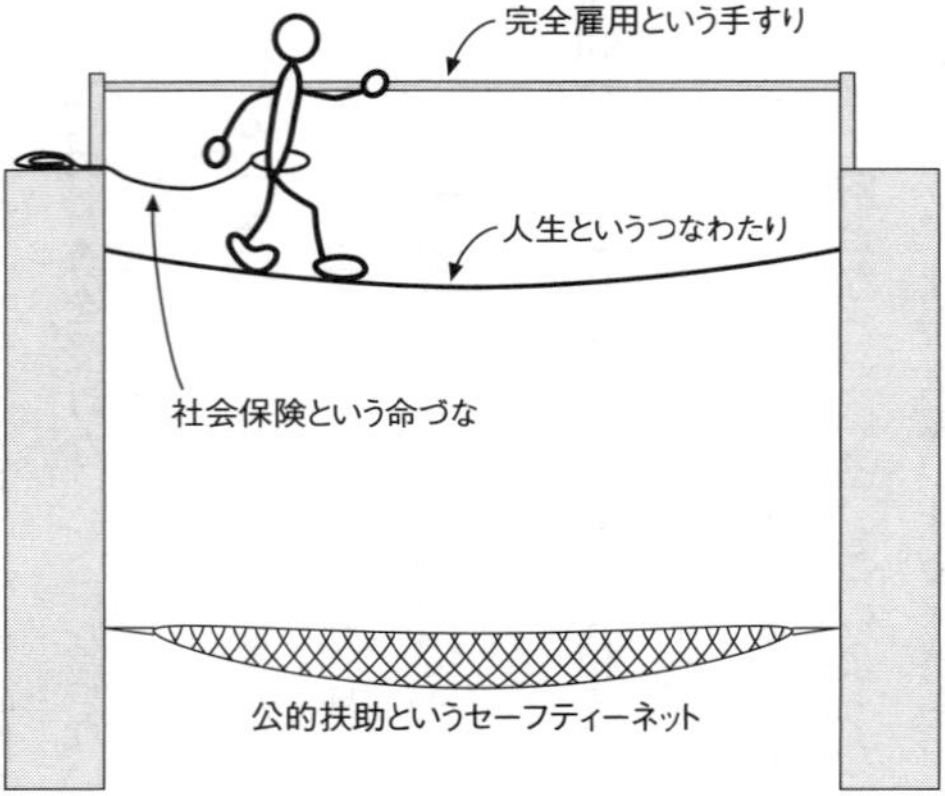

図表2　捕捉率の国際比較

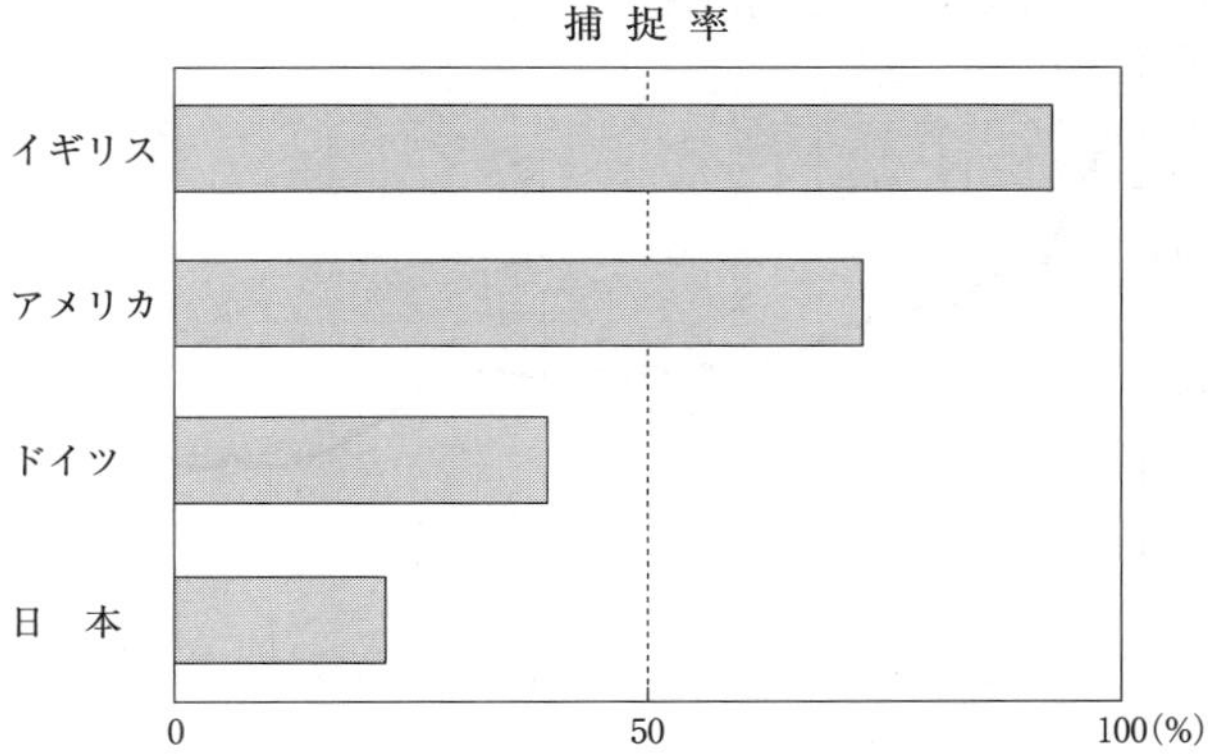

（出所）2006年11月29日放送　NHK「福祉ネットワーク」より

③の生活保護はどうだろうか。①②がどうであれ、③がしっかりしていれば、人々はとりあえず深刻な貧困から逃れられるはずである。ところが「おにぎりが食べたい」と日記に書いて亡くなった人がいたように、日本では時折餓死事件などが報道される。日本有数の大都市の一つでは、1年に数百人が路上で亡くなっているという調査報告もある（＊1）。どうしてだろうか。

このようなことがなぜ起きるのだろうか。次に、③のセーフティーネットとしての生活保護の状況を見ていこう。

生活保護を受給できるはずの世帯のうち、実際に受給している世帯の割合を示す数値に捕捉率というものがある。日本はこの推計が

図表3-a　保護率

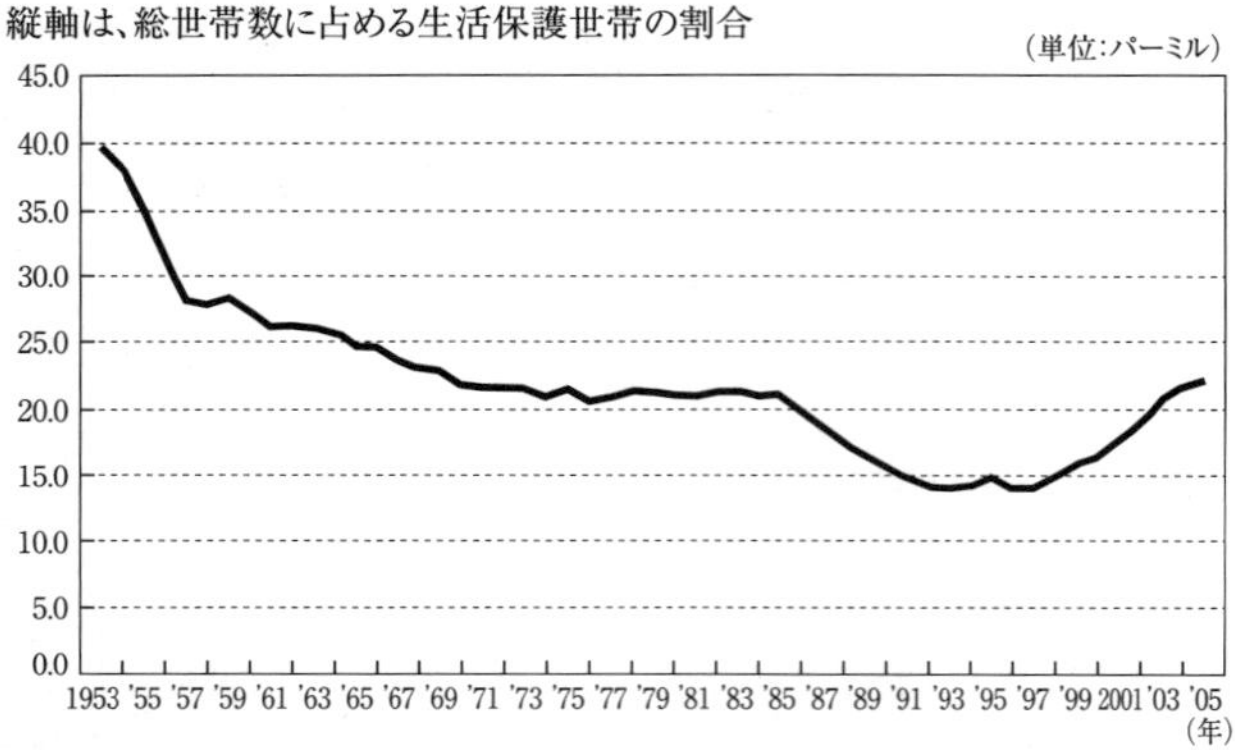

縦軸は、総世帯数に占める生活保護世帯の割合

(出所) 国立社会保障・人口問題研究所「生活保護」に関する公的統計データ一覧の数値をグラフ化

諸外国と比べて極端に低い（図表2、31ページ）。こうした制度の性質上、１００％というのは難しいものの、多くの国で50％は超えている。ところが日本は20％前後といわれている。さらに、経済学者の橘木俊詔らの研究によれば、１９９５年で19・7％だったのが２００１年で16・3％と捕捉率はますます下がってきている（＊2）。

これに対して全人口／世帯に対する受給者／世帯の割合を保護率というが、これは図表3（a、b）の通りである。この捕捉率と保護率とを合わせて分かりやすく表現すれば、次のような状況が読み取れる。

１００世帯中、10世帯が生活保護基準

図表3-b　保護率

縦軸は、総人口に占める生活保護受給者の割合

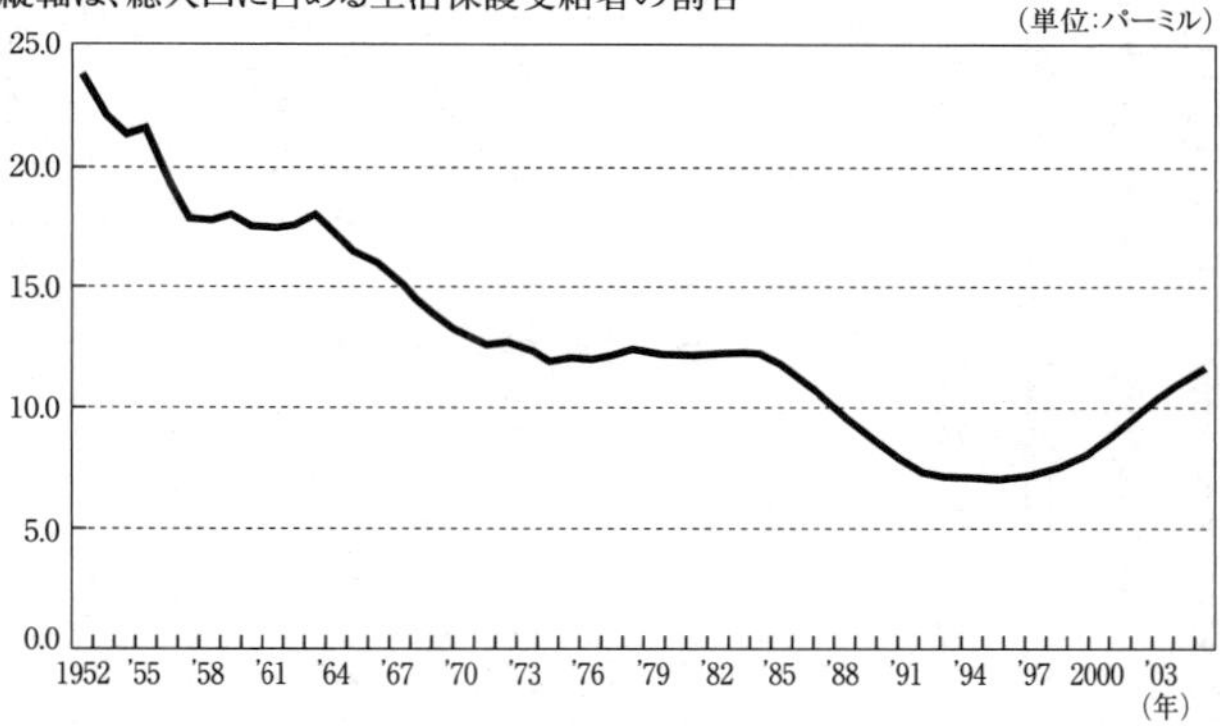

(出所) 国立社会保障・人口問題研究所「生活保護」に関する公的統計データ一覧の数値をグラフ化

以下の生活をしているが、実際に保護を受けることができているのはたったの2世帯。

なんとも低すぎる数字である。捕捉率の推計では所得のみを考慮し資産を考慮していないので、この数字からだけでは、制度の実施要項に照らして問題があるとは一概にはいえない。しかし、この社会のセーフティーネットとしては機能不全に陥っているといったら

＊1　逢坂・坂井・黒田・的場(2003)。

＊2　橘木・浦川(2006)。また捕捉率は推計値という性格上、研究によって数値にばらつきがある。その他の代表的な研究については駒村(2003)参照。

言い過ぎだろうか。

2007年に厚生労働省の「生活扶助基準に関する検討会」は、所得の下位10%の人たちの生活水準に比べて、生活保護受給者たちの生活水準が高いことを根拠に生活保護費の切り下げを提言した。これまで政府は、一般世帯の消費水準との比較（6割強）で保護基準を説明してきたから、これはよってたつ考え方の大きな変更である。しかし、この新しい考え方は理にかなっているのか私にはよく分からない。生活保護の基準は、いわばその水準を下回って生活している人がいてはならない、貧困線ないしナショナル・ミニマムとしてこれまで考えられてきた。ところが、その水準を下回って生活している人たちと比べて保護基準が高すぎるから下げようというのである。喩えでいえば、最低賃金を守らず働かせている会社の従業員の賃金と最低賃金を比べたら、後者の方が高いので最低賃金を切り下げます、というようなものではないだろうか。

そもそも、捕捉率約20%という数字はメディアでもほとんどとりあげられることがない。NHKが2006年11月29日に放送した「福祉ネットワーク」で触れたのは良心的な例外といってもよいだろう。受給すべき人が給付から漏れているこのような事態を「漏給」ともいうが、これに対し「受給すべきでない」人が給付を受けている事態を「濫給」といったりす

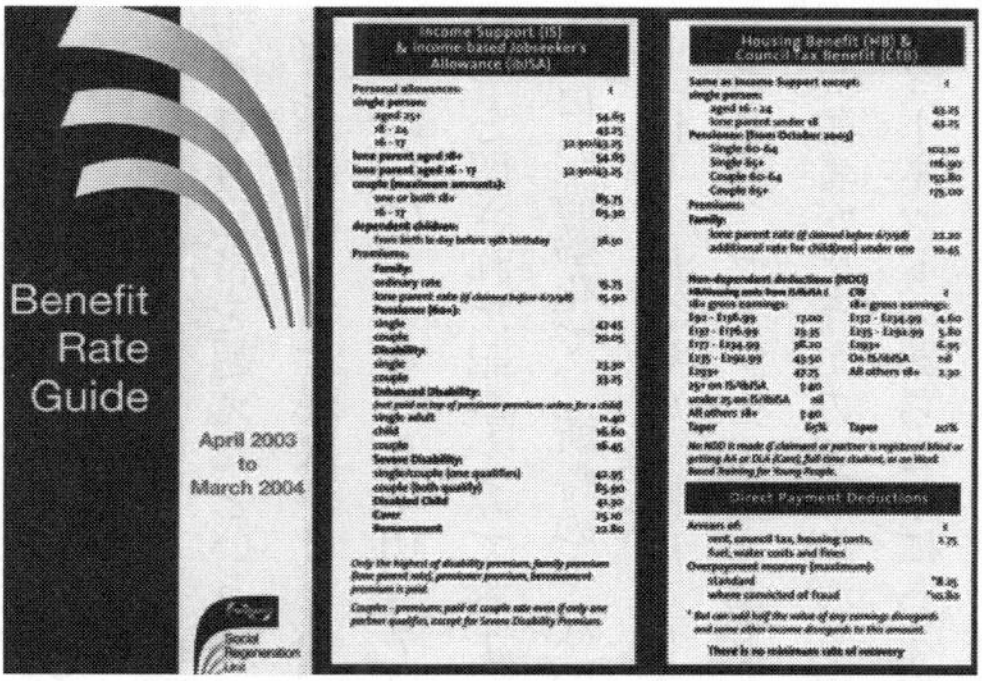

（写真１）イギリス・ロンドン・ニューハム区の福祉給付広報パンフレット

る。メディア的には「不正受給」という言葉の方が一般的だが、この「不正受給」がしばしば報道されることと比べても、捕捉率に対するメディアの沈黙ぶりは際立っている。

　イギリスでは地方自治体がリーフレットを作って、生活保護などに当たる制度の広報に熱心につとめているが（写真1）、一部の地方自治体を除いて日本ではそうしたこともほとんど行われていない。それどころか、生活保護を受けられず悲惨な死者がでたりすれば、識者の（時には厚生労働省の！）「もっときめ細やかな審査を」といった類のコメントが新聞紙面をかざる。私はこうした現状に憤りを覚えざるを得ない。そんな風に福祉現場のケースワーカーに矛盾をしわ寄せさせて何になるというのだろうか。現場の職員は限られた予算のなかでしか仕事をせざるを得ない状況にある。

つまり、捕捉率が20％に過ぎないということは、単純に考えて予算を現状の5倍にする必要があるということだ。しかし、こんな当たり前のことはほとんど誰もいわない。

さらに、受給世帯を5倍にする必要性が叫ばれるどころか、メディアを賑わすのはむしろ生活保護の削減の必要である。その象徴的な例として、2005年度に保護世帯数が初めて100万世帯を超えたというニュースが2006年秋に流れたが、これはだから保護費をなんとか削減しなければいけない、というトーンで報じられた。

ためしに、2006年10月7日の日本経済新聞朝刊の「生活保護受給初の100万世帯突破」と題された記事をみてみよう。まず、厚生労働省が保護世帯増加の理由としているのは「人口の高齢化で、所得の少ない高齢世帯が増えたことなどが原因」であると紹介する一方で、同じく厚労省の「制度を見直し、保護費を抑制する考え」を伝えて記事を結んでいる。

これは、セーフティーネットという比喩で説明すると次のような喜劇的な状況だ。

高齢者が増えたので、綱渡りに失敗してセーフティーネットに落ちる人が増えた。セーフティーネットのあちこちにある穴から、今でも5人に4人がさらに地面まで落ちてしまっているけれども、それでもネットの上に残る人が多くなってしまっていて問題だ。だから、穴をもっと広げると同時に、セーフティーネットをもう少し地面に近づけ、仮に穴から下に落

図表4　生活保護受給世帯数

縦軸は、一ヵ月平均の生活保護受給世帯数

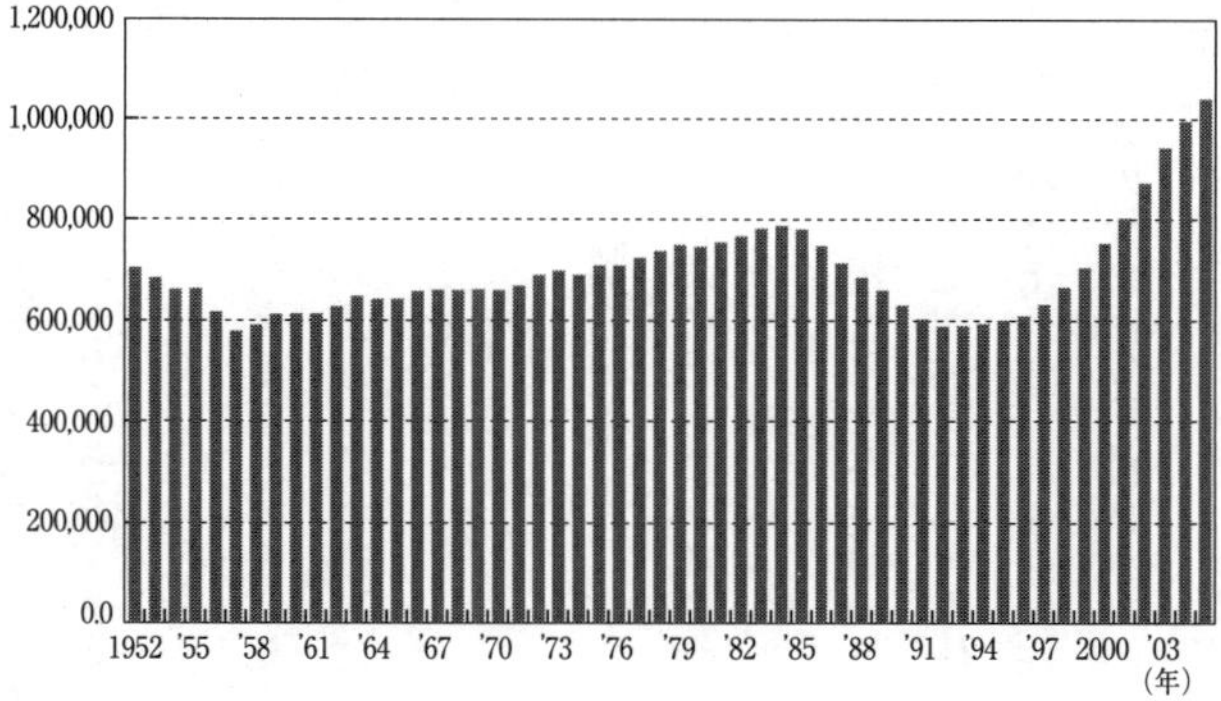

（出所）国立社会保障・人口問題研究所「生活保護」に関する公的統計データ一覧の数値をグラフ化

ちずに網の上に残っても、地面には少し着くようにしてネットへの負荷を減らしましょう、というようなものだ。

　また、同記事は視覚に訴えるべく、受給世帯数が右肩上がりで上がっていくグラフを掲げている。前述した保護率のグラフ（図表３‐a、b）を覚えている人は、この数字が右肩上がりだったただろうかと疑問に思うだろう。もちろん、総人口は過去２００４年までは基本的に増加傾向だったため、保護率よりは受給世帯数の方が右上がりになる傾向にある（図表４）。とはいえ、この数字も一貫して右肩上がりではなく、増減を繰り返していることが分かる。

　ところが、同記事では受給世帯数が減少し

ていた1990年代前半をはずし、1996年以降のみをグラフ化している。つまり、これは何を意味しているかというと、まず、生活保護の理念（最低生活の保障）や世間的な通念（最後のセーフティーネット）に照らせば一番重要であるはずの捕捉率には触れず、また、財政支出の増減を考えるとしても、総人口の増減から中立的な保護率に目を向けるよりも、総人口の増大に引っ張られる世帯数に着目し、さらに、増減を繰り返す世帯数の減少局面には触れないということである。

生活保護という制度の性格

しかし、今の日本にはとにかくお金がないのだから仕方がないではないか、という声が聞こえてくる。だが、セーフティーネットの穴をせっせと広げなくてはならないほど、経済状態に見合わない負担を私たちは強いられているのだろうか。

生活保護のような前述③にあたる仕組みを、公的扶助ないし社会扶助と呼ぶが、この制度の国際比較研究によれば、日本の生活保護費はむしろ極めて少ない（図表5）。それでは、生活保護以外の社会保障給付費が高いのかというと、それもむしろ少ない部類に属する（図表6、40ページ）。

図表5　公的扶助手当現金支給総額がGDPに占める割合（1980-'92年）

（%）

国	1980	1985	1990	1991	1992	指数*
オーストラリア	5.4	6.0	5.2	6.1	6.8	126
オーストリア	1.0	1.0	1.4	1.2	1.3	124
ベルギー	0.4	0.6	0.6	0.7	0.7	156
カナダ	1.6	2.0	2.0	2.3	2.5	156
デンマーク	N/A	0.9	1.2	1.4	1.4	N/A
フィンランド	0.1	0.1	0.2	0.3	0.4	438
フランス	0.2	0.3	0.5	0.5	0.5	196
（含む住宅扶助）	0.6	1.0	1.2	1.3	1.3	205
ドイツ	1.0	1.6	1.6	1.6	1.6	160
ギリシャ	0.1	0.1	0.1	N/A	N/A	100
アイスランド	N/A	N/A	0.2	0.2	0.2	N/A
アイルランド	3.0	4.5	4.3	4.7	5.1	174
イタリア	1.1	1.3	1.4	1.5	1.5	135
日　本	0.4	0.4	0.3	0.3	0.3	60
ルクセンブルク	N/A	N/A	N/A	0.4	0.4	N/A
オランダ	1.7	2.5	2.3	2.2	2.2	133
ニュージーランド	8.6	9.2	12.5	13.5	13.0	151
ノルウェー	0.1	0.3	0.7	0.7	0.7	486
ポルトガル	0.2	0.6	0.5	0.4	0.4	221
スペイン	0.3	0.8	1.1	1.1	1.2	473
スウェーデン	0.2	0.4	0.4	0.4	0.5	272
（含む住宅扶助）	0.8	1.2	1.0	1.3	1.5	186
スイス	N/A	N/A	N/A	N/A	0.8	N/A
トルコ	N/A	N/A	N/A	N/A	0.5	N/A
イギリス	1.4	2.1	1.7	2.1	2.6	190
（含む住宅扶助）	1.8	3.0	2.6	3.2	3.9	212
アメリカ	1.1	1.0	1.0	1.2	1.3	115

*1980年を100とした場合の'92年の指数。

（出所） Social Assistance in OECD Countries, 1996, 埋橋（1999）による転載

図表6　社会保障給付と財政（対国民所得比）の国際比較（1993年度）

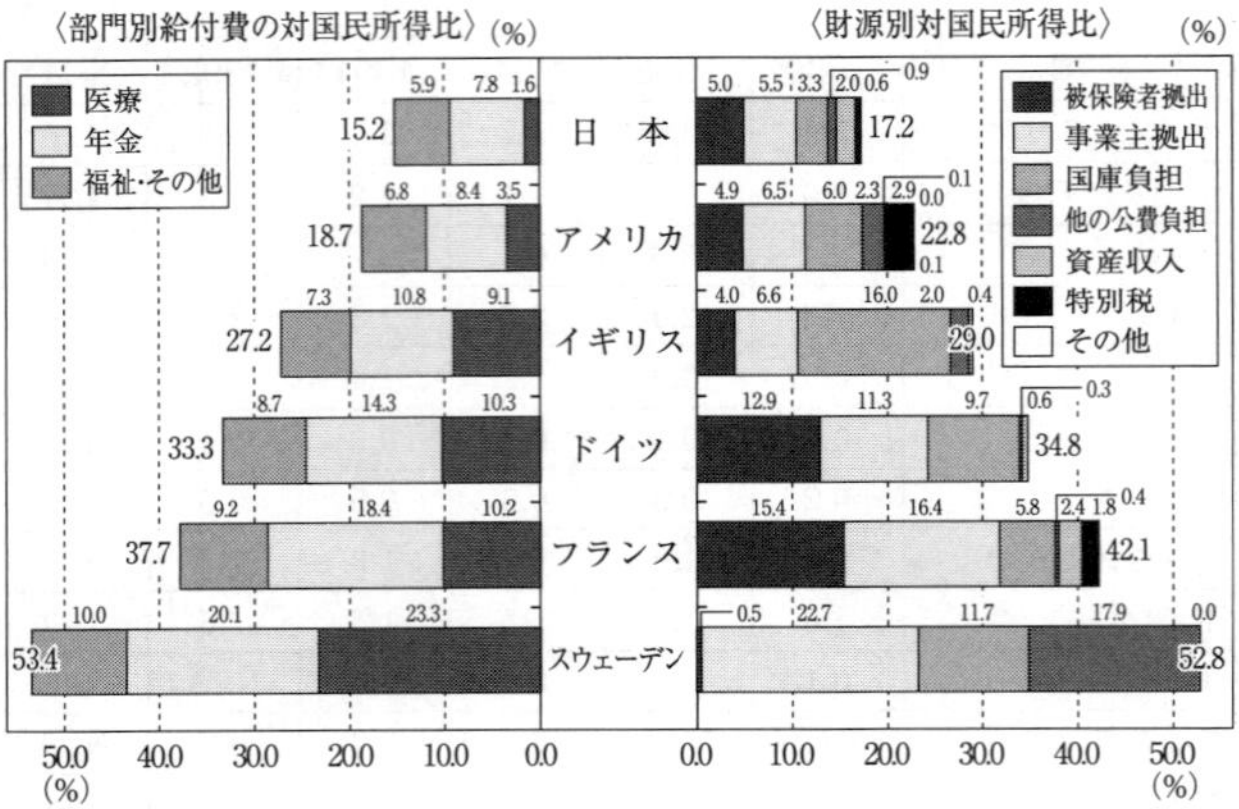

社会扶助費は、図中「福祉・その他」の項目に含まれる
（出所）勝又（2000）

ノーベル経済学賞を受賞した経済学者のスティグリッツはアメリカを例にとり、財政赤字の責を福祉などの社会扶助支出に帰するのは誤解に基づく議論だと指摘しているが、日本の社会扶助支出はGDP比でそのアメリカよりも低いのである。日本で、私たちがもし財政再建のため福祉支出を削らなくてはいけないと思い込まされているとするならば、それは「誤解」か、あるいは何か別のことへの予算支出を隠ぺいするためのスケープゴートに福祉がされているに過ぎない。

もちろん、このことから「誤解」さえ解ければ、生活保護予算を5倍に増やすことに政治的合意が直ちに得られるということを言いたいわけではない。誤解が事実の正しい理解ではないにしても、誤解が広まるにはそれなりの理由があると思っている。

それは生活保護という制度そのものの持つ特定の性格による。その特定の性格はあまり理解されていない。というのも、私たちは生活保護の仕組みを当然視してしまっており、それが自然のもののように見えているからである。そして人口の約98%は制度を利用しておらず、その制度のなかで生きざるをえないということが、どういうことかを想像しづらいからである。

生活保護の持つ特定の性格を分かりやすく理解するために、「公立の小・中学校、高校、大学には低所得世帯の子どもしか行ってはいけない」という社会を想定してみてほしい。

この仮想社会では、公立学校は税金で運用されている以上、自分で支払える人は私立の小・中・高・大へ行ってくれ、となる。税金の効率的な使い方としては確かに一理あるのかもしれない。経済学では教育は自分の人的資本への投資だと理解されている。そのような理解に立てば、個人が利益を得ることについては当該個人（のみ）が支払うというのは一つの筋の通った理屈ではある。

このような社会で、Aさんは二人の子どもを公立校に通わせているとしよう。夫と死別して以来、十分な収入がないことから公立校への通学が認められたのだ。しかし、最近次女の様子がおかしいので聞いてみると、近所のスーパーでAさん一家の悪口を誰かが話しているのを聞いたらしい。「Aさんには男がいて、援助を受けているようなのに隠してずるい」と。

一方、Bさんは勤め先が倒産してから三つのパートの仕事を掛け持ちし、なんとか家族の生活を維持している。睡眠時間も思うようにとれず、いつか倒れてしまいそうだが、子どもを大学にやるためには仕方がない。ところが、あなたは収入があるのだから私立中へ行ってくれ、公立中には入れないといわれた。せっかく娘を大学へやろうと思ってなんとか働きづめの生活に耐えているのに、これでは全部私立中の授業料に消えてしまう……。娘の友達のいるCさんのところは病気だかなんだか知らないが、優雅な生活をして子どもは公立に行かせてもらっていて、ずるいような気がする……。

Dさんは、病気をこじらせて前の会社を退職してから、なかなか思うように仕事がみつからない。収入も途絶えてしまったので、子どもをこのまま私立小に通わせておく余裕がない。そこで、私立小から公立小へ変えてもらおうと申請に行った。しかし、継続して仕事を探しなさいといって追い返されてしまった。見つからないから申請に行ったのに……。これでは息子は宙に放り出されてしまう。義務教育は権利ではなかったのか……。

同様の理屈から、生ごみ収集も、低所得者以外からは収集しないようにする。公立図書館も同様だ。お金のある人は自分で本を買うべきだ。選挙も同様かもしれない。なぜなら、選挙の度に莫大なお金がかかるが、お金のある人は、自分が立候補したり、政党に献金したりするなど、投票以外にいくらでも政治に影響力を行使できるのだから、そうしたことのできそうにない低所得の人だけに投票権を認めよう。

——こんな社会に住みたいだろうか。少なくとも私は厭だ。幸運にも、いま私たちが生きている社会は教育、ごみ収集・図書館などの市民サービス、そして選挙については、このようなシステムには実際にはなっていない。高等教育の他、現実にはさまざまな例外・排除があるが、少なくとも理念的にはこれらは誰もが利用ないし参加できるものと考えられてきた。

ところが生活保護に限っていえば、たった今見たような選別の仕組みのなかを私たちは生きているのである。そして多くの人が、それを当然のものだと思っている。生活保護という仕組みがもつ特定の性格とはこうした選別性である。それは他の市民サービスと比較した場合、決して当たり前のものではない。むしろ選別性ではなく普遍性をもつものの方が多い中で、特殊といっていいかもしれない。第1節にあげた特徴の（E）にある、現行制度の選別主義とベーシック・インカムの普遍主義という対比はこのことに対応している。

政治的実行可能性

さて、生活保護をセーフティーネットとして機能させるために、予算を現行の5倍にしなくてはならないという話に戻ろう。では、なぜそのことへの支持が得られないのだろうか。ここで前述した教育の例を思い出していただきたい。「一般家庭」の子どもは私立の小・中学校へ行くべきであり、国公立の小・中学校には、資力調査によって必要と認められた低所得者世帯の子どもだけが通うことができる——という話だった。

この仮想社会では、公立学校に通学するための資力調査は生活保護の資力調査と同様に行われている。すなわち基準によれば、人口の約10％が公立に通えるはずだが、実際に資力調査にパスして通っているのは人口の2％くらいの状況だとしよう。こんな状況で公立校への予算の増額への政治的支持が集まるだろうか？　とても難しいのは明らかだろう。「なんでうちは頑張って私立校に通わす授業料を稼いでいるのに、ただで教育を受けることができる一握りの人たちのための教育に予算措置をとるのか」——こんな疑問が噴出することだろう。

生活保護をめぐる状況はまさしくこの手の隘路《あいろ》に陥ってしまっている。福祉国家の理念（それは憲法25条の理念でもある）をまともに実現しようとしても、あるいは生活保護法を法律通りに運用しようとしても、その政治的実行可能性は残念ながら極めて低い。生活保護受給者拡大を政党が選挙公約にすることを想像できるだろうか（生活保護の問題に熱心にとりくむ議員がいるだろうことは否定しないが、そうした議員のいる政党が保護受給者5倍増を選挙公約にできないとしたら、やはりこの仕組みには政治的支持を取り付けにくい根本的な理由があるというべきだろう）。

もう一度、教育の例にもどろう。資力調査によって貧困者のみが公立学校に通えるという公教育制度を維持したまま、その捕捉率を100%に近づける（公教育予算を5倍に増やす）のは難しいとしても、全ての人が公教育を受けられるようにする（今私たちが現実に生きている制度）という提案がされたらどうだろうか？　こちらの提案の方が予算の面ではより高くつくが、政治的な支持を得やすいことは容易に想像がつく。現に公教育については（その他、ごみ収集など、先ほど紹介した他の諸制度でも）、私たちはこうした方向を支持してきているのである。

すなわち、誰もが最低限の生活を営む権利があるとすれば、現在の仕組みの枠内でそれを追求するより、ベーシック・インカムの方がよほど政治的実行可能性があると言えるのではないだろうか。

1-4 ワークフェアとベーシック・インカム

完全雇用からワークフェアへ

諸外国ではどうだろうか。先にみたように、公的扶助の捕捉率がずば抜けて低いのが日本であった。裏を返せば、他の先進国諸国において、セーフティーネットは日本よりそれなりに機能しているともいえる。しかし、第2節でみたような、福祉国家の理念どおりに事が進んでいるかというと、そうではない国が多い。理念の三本柱のうち、最初の柱である完全雇用が多くの国で達成されなくなってきている。

こうした中で、アメリカやイギリスはいち早く「ワークフェア」ないし「福祉から就労へ」と呼ばれる方向へ舵を切った。前述の福祉国家の理念の①にあたる完全雇用の達成は労働市場の需要側に焦点を当てていたが、ここではむしろ供給側に焦点を当て、労働者の雇用可能性を高めることで就労を支援しようという方向である。この意味では、これまでの福祉国家の理念の重大な変更がなされたといってよい。

つまり、このワークフェアの新しさは就労への支援そのものにあるのではない。就労支援

（写真２）ブレア政権のワークフェア政策に抗議する障害者たち（2006年）

自体は、かつての日本の失業対策事業や１９３０年代のアメリカのニュー・ディール政策のように古くから存在してきた。

その新しさとは、所得保障の縮小（現実に縮小できるかは別として少なくとも意図としては縮小を目指す）と就労支援が対になっていることである。１９６９年、アメリカでニクソン大統領が語った「アメリカ人に今必要なのは、より多くの福祉（ウェルフェア）ではなくて、より多くの『ワークフェア』なのだ」という発言に象徴されるように、所得保障型の福祉への攻撃と対なのである。これは必ずしも保守派だけのレトリックではない。１９９０年代に民主党のビル・クリントンが大統領選を闘い勝利したときのスローガンの一つは「私たちの知っている福祉は終わりにしよう」であったし、イギリスでは労働党のブレア政権下でも、ワークフェア的政策の導入が進んだ。

アメリカにおけるワークフェアを一段と進めたのは、1996年に成立した個人責任・就労機会調整法である。アメリカで「福祉」といえば、要扶養児童家族扶助（以下AFDCと表記）というひとり親世帯むけの生活保護のような制度を指した。これが貧困家族一時扶助（以下TANFと表記）と呼ばれる制度に置き換わることによって（＊3）、福祉への権利は廃止されてしまう。新しい制度では給付を受けられる期間に、原則5年という期限がついている。

このような動向のなかでターゲットに挙げられる筆頭は母子世帯である。なぜなら高齢者や障害者や病者といった他の受給者に比べて、母子世帯は働かせることが比較的可能であるように政策立案者には思われているからである。

マイケル・ムーア監督の映画『ボウリング・フォー・コロンバイン』の中で、6歳の少年が同年代の少女を射殺する事件がとりあげられるが、その犯人の母親が朝早くから長時間バスに乗り、遠くの町のショッピングモールまで仕事に行っていたシーンは印象的である。育児に専念するよりも、遠くの町まで何時間もかけて行って単純労働に従事している方がよい、という考え方をそこにみることができる。同映画のなかでは保守派の政治家でさえこうしたワークフェア政策に疑義を呈しているシーンがある。

こうした政策動向において、母子世帯に福祉当局が望むのは賃金労働だけではない。先のアメリカの法律では、結婚の奨励、婚外子妊娠の予防、ふたり親家族の形成と維持の奨励などが明記されている。全米20州以上の州で、福祉受給者が新たに子どもを生んでも、その子どもの分の給付は受けられなくなってしまった。また、シングルマザーが福祉受給を受ける条件として、子どもの父親からの養育費徴収が厳格化されつつある。シングルマザーは、子どもの父親が誰かを当局に申告しないといけない。そして養育費の支払いをしない父親は氏名や顔写真などを公開され、追跡される。このような仕組みが例えばドメスティック・バイオレンスの被害者に福祉への申請を思いとどまらせる効果をもつことは想像に難くない（シングルマザーたち自身の運動については第2章と第6章参照）。

このように、福祉受給者を罰するかのような方向性は何も新しい現象ではない。先述のよ

＊3　それぞれ、Aid to Families with Dependent Children, および Temporary Assistance for Needy Families. 両制度や変更の経緯については根岸（2006）に詳しい。

うに19世紀ビクトリア時代のイギリスでは、貧困者を高齢者、障害者などの「救済に値する貧民」と労働可能な「救済に値しない貧民」に分け、後者には労働規律を徹底的に植え付ける方針をとった。また「劣等処遇の原則」が謳われ、福祉受給者は一般市民より劣等に処遇されるべきだとされた。第二次大戦後の福祉国家においては、このような差別的な扱いは克服の対象とされたはずだったのであるが、それらが再び回帰してきているかにみえるのが、このワークフェアという動向の一面なのである。

いま「動向の一面」と述べたが、「劣等処遇」を行う方法は、ただ単に所得保障を縮小することだけではない。就労をより魅力的にするという方法もある。前者が「鞭」だとすれば後者は「飴」といっていいかもしれない。アメリカ、イギリスをはじめ、幾つかの国では就労を条件に給付を受けることができる制度が導入されている。それは「給付型税額控除」という制度である。実はこれは部分的ベーシック・インカムと呼んでもよい側面があり、ワークフェアのこのもう一つの面については第5章で詳述する。

ここでは、理念の水準で完全雇用から撤退し、個人の雇用可能性に焦点をあてるワークフェアのあり方の問題点のみを指摘しておこう。商品が売れるかどうかは、供給側と需要側の双方の事情による。どれだけ素晴らしい商品であっても、それを欲しいと思う買い手がいなければ売れない。労働力という商品も同様である。ところが、完全雇用を放棄してワークフェアを追求するのは、買い手を確保する努力をせず売り手側だけを問題にしていることになる。このどこがおかしいのかを分かりやすく喩えれば、豊作の年に畑でつぶされるキャベツを想像してもらえばよい。

フランス、ドイツの例

完全雇用がもはや達成されていないにもかかわらず、現行のセーフティーネットを維持し、理念にとくに表立って変更が加えられてこなかった国々もあった。例えば１９９０年代半ばまでのフランス、ドイツがそうであった。

社会に失業者が増えれば、日本でいえば生活保護などにあたる制度の受給者数は増大せざるを得ない。ところが、こうした事態は制度の想定外のため、一方で世論の反発をまねき、他方で受給に伴う差別や恥辱感（スティグマ）が増大しがちである。

こうしたなか、フランスでは１９９０年代に興味深い現象が起きた。それは、失業者たちのあいだでベーシック・インカムを要求する声があがったのである。そして、ジョスパン政権（１９９７-２００２）のもとで導入にむけた議論が活発化する。しかし実際には、第５

章で触れる給付型税額控除は導入されたものの、ベーシック・インカムは導入には至らなかった。その後、右派政権のもとで「初期雇用契約」と呼ばれる制度の導入が図られる。これは若年労働者の権利を削減することで雇用増を図ろうとするものであるが、大きな反対運動を招き、これも失敗している。

ドイツでも1990年代後半以降、失業手当の減額などワークフェア的政策の導入が図られ始めている。ここでワークフェア「的」というのは、アメリカやイギリスのワークフェアが個人の雇用可能性といった側面に焦点を当て、その意味で福祉国家の完全雇用という理念から撤退しているのに対し、ドイツでは（少なくともレトリックの水準では）完全雇用という理念を実現するために、これらの政策の導入が図られているからである。

いずれにしても、失業者などの所得保障を受けてきた人たちにとっては大きな制度変更であり、これには大きな抵抗も起こっている。そうした抗議のなかで近年、ベーシック・インカムを要求する声が大きくなりつつあり、「完全雇用ではなく自由を」という名の、福祉国家の理念をこちらから変更しようとするベーシック・インカム要求団体が活動を行っている。その他、大手ドラッグストアチェーンのオーナーがベーシック・インカム推進の論陣をメディアなどを通じて張ったり、様々な団体や個人が集うベーシック・インカム要求者のネットワークも出現するなど興味深い動向を示している。

　これは、ここ数年ドイツでもワークフェア的動向が顕著となってきたことへの反発という側面もあるが、対案が現状維持ではなく（もちろんそうした主張をしている運動もある）、ベーシック・インカムであるという点が興味深い。「完全雇用ではなく自由を」は地下鉄に広告を出すなど興味深い活動をしているし（写真３）、ネットワークに参加する団体のいくつかはドイツ各地でデモなどを行っている（写真４）。いずれにしても、１９９０年代後半以降のフランスやドイツの事例は、完全雇用が達成されない状況下では、福祉国家の理念の現状維持というのが難しいということを私たちに教えてくれている。

（写真３）「完全雇用ではなく自由を」と書かれた地下鉄でのポスター広告（右下）

（写真４）ベーシック・インカムを求めるデモ。2008年、ドイツのブレーメン

日本における「倒錯」

　ところで、日本もワーク

フェアへと舵を切り始めた。ここで、その流れを簡単に振り返ってみよう。まず、2000年にホームレス自立支援事業が始まる。これは2002年にはホームレス自立支援法によって根拠づけられることとなる。同じ年には児童扶養手当法、母子および寡婦福祉法が改正されて母子家庭自立支援策が導入される。2005年には生活保護受給者等就労支援事業が始まり、翌2006年に障害者自立支援法が施行される、といった具合だ。

近年、厚生労働省界隈で流行しているこの「自立支援」という言葉の意味は、「就労促進」と置き換えることが可能である。一番最初に導入されたホームレス自立支援事業にそうした色彩は顕著に表れている。また、生活保護受給者に対する自立支援は、明らかに所得保障を就労で置き換えることを念頭においている。「自立支援」はいわば日本版ワークフェアである。厚生労働省だけではない。生活保護への受給期限の導入を、全国知事会、市長会の有識者会議「新たなセーフティーネット検討会」が2006年に求めたりするなど、アメリカの動向の後追いともいえる動きが始まっている。

しかし、日本版ワークフェアは、現在のところ本家ワークフェアとは二重の意味で異なる。第一に、イギリスやアメリカではワークフェアは所得保障の縮小や条件強化といった「鞭」だけではなく、給付型税額控除などの「飴」を伴っているのに、日本にはそうした飴が全くないことである。第二に、イギリスやアメリカではそもそも、労働可能な福祉受給者を労働市場へ戻すということを念頭においていた。ところが日本では前述の事情で、労働可能な人はそもそも福祉からほとんど排除されてしまっている。例えばワークフェア論者たちの主要なターゲットである母子世帯は、日本の場合、すでにその多くは働いているのである（図表7）。

にもかかわらず、ひとり親世帯の貧困率はOECD諸国中もっとも高い部類に属する。また、通常、税と社会保障を通じた再分配によって貧困率は減少する。子どもの貧困率を見た場合でもほとんどの国でそうなるが、日本の場合には逆に、再分配後の方が貧困率が高くなっているという衝撃的なデータもある（＊4）。

自立支援という言葉が最初に使われたホー

＊4　山野（2008）。

図表7　シングルマザーの就業率

（%）

	就業率
日本	83
スウェーデン	70
ノルウェー	61
アメリカ	60
イギリス	41
アイルランド	23

（出所）Bradshow, 埋橋（1997）

ムレス自立支援も、彼らは生活保護などの福祉から排除されているから、路上で生活せざるを得なくなっているのである。福祉などで国に「依存」しているから、自立支援という論理がまがりなりにも（その論理が正しいかはさておき）成り立つのである。ところが、国に依存すらさせてもらえない人たちに向けても、この「自立支援」なる言葉が謳われているのである。

福祉国家の理念そのものが抱える問題

最後に、たとえ完全雇用が達成されたとしても残る福祉国家の問題点について触れておこう。前述した福祉受給にかかわるスティグマ（恥辱感）は、いわゆる完全雇用が達成されたとしてもまったくないわけではない。「救済に値する」として無拠出の所得保障を受けてきた人たち、例えば典型的には障害者たちは、賃金労働を中心とする福祉国家の仕組みのなかで、こうしたスティグマを常に引き受けてきた。

つまり、スティグマと生の序列化は、福祉国家の理念自体に内在した問題点でもある。賃金労働に従事し生活できる者たちを標準として、高齢者、障害者など労働できないとされる人々や、賃金労働はしているが、それだけでは生活できない人たちを、それより一段劣るものとして、そして労働可能と看做《みな》されながら賃金労働に従事していない人々を最も劣るものとして序列化していく、そうした仕掛けを福祉国家は内在化しているのである。

　このようにいうと、こんな風に批判されるかもしれない。すなわち「労働は人を自由にする」のではないか、と。たしかに人との協働や自然への働きかけを行うことで、個人が成長することもあるだろう。しかし、奴隷労働にしろ賃金労働にしろ家事労働にしろ、他の形態の労働にしろ、労働を他人に強制するときにこの標語が発せられる場合には、注意した方がよい。アウシュビッツ強制収容所の門にも書かれていた「労働は人を自由にする」という言葉が、なぜそんなに好まれるのだろうか（写真５）。

（写真５）アウシュビッツをはじめ、ナチスによる各地の強制収容所の門に掲げられた「労働は人を自由にする」の標語　photo : Jochen Zimmermann License

　そうはいっても、なお次のような批判もあるかもしれない。「誰かが米を作らないといけない」と。その通りだ。しかし、このことから賃金労働を強制するには二つの無理がある。

　第一に、米ないし何らかの食糧はたしかに生産されなくてはならないが、このことから一足飛びに賃金労働という特定の経済活動のカテゴリーを一括して正当化するのは無理がある。子育てに追われるシングルマザーに（前述のように、日本の場合はすでに好むと好まざるとにかかわらず事実上就労が強制されているが、たとえば欧米の多くの国では福祉給付でなんとか生活できている人が沢山いる）、子育てという労働は他人にまかせて、かわりに賃金労働で働けという理屈は、「労働が必要だ」論では支えられない。また逆に、不必要な賃金労働だって沢山あるだろう（第5章第2節参照）。

また、投資も必要だが、皆が投資を強制されなくてはならないのだろうか。ある特定の生産活動の必要性から、「賃金労働」一般の必要性へと至るのは何らかのイデオロギー作用ではないのか。いつから私たちはみなマルクスの、頭の固くて読みの浅い弟子になってしまったのか。

第二に、必要なことは強制されなくてはならないのか、という点である。誰かが子どもを産まないといけない。たぶんそうなのだろう。だからといってセックスや出産を強制されなくてはならないのだろうか。もしそうではないと思うのであれば、賃金労働についても立ち止まって考えてほしい。

＊　＊　＊

ここまでの議論を整理しよう。福祉国家の三つの理念は、いわば「衣食足りて礼節を知る」という格言と「働かざる者、食うべからず」という格言を足して二で割ったようなものである。衣食足りて（＝生存権が保障されて）初めて礼節を知る（＝市民として社会に貢献できる）のだから、全てのひとに最低生活を保障しなくてはならない。

しかしその保障の仕組みは、賃労働で働く者を優先したものである。そして私たちの多くは「働かざる者、食うべからず」という金言を血肉化している。なにしろ長い歴史をもつ言葉で、聖書にも同様の一節がある。「働きたくない者は、食べてはならない」（新約聖書「テサロニケの信徒への手紙」）。しかし、この一節と私たちが血肉化している金言との違いは、「働きたいけれど働けない者」は食べてもよい、ということだ。

第二次大戦後の福祉国家の仕組みは、この考え方に基づいて設計されてきたといってよい。つまり、こういうことだ。働いている者については、賃金の中から年金、健康保険、雇用保険などの社会保険の掛け金を支払い、高齢、病気、失業などの場合に保障を受けることができる。

働いていない者については、働けるのに働いていない怠け者や、働けるのに働けないふりをする人から本当に働けない人を選別し、そうした人にのみ生活保護などの形で所得保障を行う。

だが、「働きたいけれども働けない者」を「働いていない者」たちの中から選別するのは、そんなに簡単なことではなかった。福祉国家の仕組みは、それが出来るという前提で成り立っている。しかし少なくとも日本では、本章で見たように失敗しているのではないか。生活保護を受けることができず、路上で冷たくなっていく人たちを前にして、また捕捉率の低さというデータを前に、そう考えざるを得ない。

人の命は大事だと誰もがいう。であるなら、人の命がお金が無いために奪われることはあってはならない。そうした合意の上に、生存権の概念とか福祉国家という制度が築かれたはずだった。だが、実際に日本型の福祉国家が行ってきたのは、命を序列づけ選別することであり、低く見積もられた命の廃棄であった。次章では、こうした序列化の仕掛けを問いなおす動きの中で、ベーシック・インカムが主張されてきたことをみていくことにしよう。

｛ 第１章のまとめ ｝

▼生活保護はセーフティーネットとしては機能しておらず、５人に４人はネットからこぼれ落ちている。

▼生存権を保障するためには生活保護予算を5倍にしなくてはならないが、誰もそれについて何も言わない。

▼諸外国ではワークフェアと呼ばれる政策が導入され始めているが、それへのオルタナティブとしてベーシック・インカムが論議されている。

▼ワークフェアの飴の部分はベーシック・インカムにつながる要素もある。

▼日本版ワークフェアともいうべき「自立支援」が導入されているが、現状ではうまくいっていない。

▼福祉国家の理念そのものにも問題がある。

【コラム① ベーシック・インカムは労働と所得を分離するか?】

しばしばなされる主張に、「ベーシック・インカムは労働と所得(の獲得)を分離する」というものがある。これはこの後「だから推進すべきだ」と続く場合も、「だから反対だ」と続く場合もある。

しかし、そもそもこの主張は正しいのだろうか?

この主張が意味をなすためには、ベーシック・インカムなき現在の社会では、労働を行うと所得を獲得できる、という状況が成立していなくてはならない。ところが市場を通じないで行われる労働のほとんどは、現在のところ賃金などは支払われず、所得と結び付いていない。家事労働に典型的なこうした労働は、所得をもたらさない。誰かが何人の子どもを育てていようが、そしてそれがどれだけきつい労働だとしても、それ自体が支払いの対象になることはめったにない。

さらに、ベーシック・インカムが導入されたとして、賃労働などこれまで支払われてきた労働が不払い労働になるわけではない（第3章コラム参照）。賃金の額は今より上がったり（たとえば人の嫌がる仕事の場合）、下がったり（人気の高い職業の場合）するだろうし、賃金労働の形態をとらなくなるものもあるかもしれないが、多くは賃金労働の形態を引き続き取り、賃金も無くなりはしないだろう。だから二重の意味で前述の主張はおかしいように思う。

このようにいうと、さきの主張は「ベーシック・インカムは労働と〝最低限の生活に必要な〟所得の獲得を分離する」という意味だと反論されるかもしれない。これは余計に現実に反している。さきの不払い労働の広範な存在という事実に加えて、一方でワーキングプアという言葉に代表されるように、どれだけ賃金労働で働いても働いても食べられない人は沢山いるし、他方で親が裕福だったりして、賃金労働に従事しなくても食べられる人もそれなりにいるからだ。

第2章　家事労働に賃金を！

――女たちのベーシック・インカム

「家事労働に賃金を！」というスローガンを耳にしたことがあるだろうか？
1970年前後のイタリアで唱えられたこの言葉は、家事を労働と認知させていくことの端緒となり、様々なフェミニズム運動の主張の一環としてあったことは一部では良く知られている。他方、この主張は、全ての人に所得を保障するベーシック・インカムの主張に繋がっていった。実は1960年代から1970年代にかけて、イタリアだけではなく、世界のあちこちでベーシック・インカムが要求されていたのだ。では、それは実際にどのような運動だったのだろうか。第1節ではアメリカ、第2節ではイタリア、第3節ではイギリスの運動をそれぞれ取り上げよう。

社会保険と生活保護からなる今の福祉の仕組み（保険・保護モデル）が一つの制度であるように、ベーシック・インカムもそれに取って代わる一つの制度である。一口に保険・保護モデルといっても、スウェーデンのように制度的な再分配が充実している国もあれば、アメリカや日本のような市場や家族を細々と補完するに過ぎない国もある。その違いは大きい。

同じように、仮にベーシック・インカムを中心とした制度設計を行ったとしても、実際の制度のありようには様々なものが考えられる。本章では、どのような人たちがどのような運動のなかで、どのようにベーシック・インカムを主張していたのかを見ていくことで、ほんの少し前に社会的に大きくベーシック・インカムが取り上げられたとき、そこに込められていた意味を理解することにしよう。

1960年代から1970年代にかけて、ベーシック・インカムは様々な名称で呼ばれていた。例えば、全ての人に保証された所得という意味で**保証所得**と呼ばれた。あるいはたとえ賃金労働という形で狭い意味での経済活動には従事していなくても、例えば女性たちは家事労働を行っており、失業者も景気の調整弁という社会的役割を引き受けているというように、社会的な意味では労働に従事しているというべきで、その対価としてのベーシック・インカム保証という意味合いから、**社会賃金**あるいは**保証賃金**とも呼ばれたりしていた。

もちろん、ベーシック・インカムとも呼ばれることもあった。この場合、ベーシック＝基本的という言葉には、第一に、人々の基本的必要を満たすに足る、という意味と、第二に、それが基本的人権の不可欠の要素であるということの二重の意味が込められていた。ただ、いずれの場合も、現代の議論で精緻化されているものよりは広く曖昧に語られていた。給付に際しては福祉のケースワーカーによる恣意的な審査は拒絶し、無条件性が主張されたが、お金持ちにも配るかどうかは必ずしもはっきりしない場合もあった。また、多くの場合個人単位であることが主張されたが、そうではない議論もあった。本章では、こうした曖昧さや揺らぎをも含めて、ベーシック・インカムとして言及していく。

2-1 アメリカの福祉権運動

女たちの生活賃金

本書冒頭でも述べたように、1968年4月、キング牧師はベーシック・インカムを要求する運動を組織するなかで凶弾に倒れた。キング牧師はベーシック・インカム要求について、黒人のシングルマザーたちを中心とした運動から多くを学んだ。キング牧師を称賛する声は四十年以上たった今でもやまないが、彼がベーシック・インカムを主張していたことも、黒人のシングルマザーたちの運動もほとんど忘れ去られてしまっている。

ここではまず、彼女たちの運動がどのような運動だったのか紹介し、ついでキング牧師のベーシック・インカム要求とはどのようなものだったのか確認しよう。

１９６６年６月、「まともな福祉」を求めて、オハイオ州を10日間かけて歩いた数十人の人たちがいた。そのほとんどが女性と子どもたちであった。彼女たちに対して「乞食」と罵《ののし》り、「働け、働け、働け」というシュプレヒコールを浴びせかける人たちがいた。一方、数百人の仲間が彼女たちを温かく出迎えた。

――この光景は「福祉権運動」と呼ばれる運動が各地で同時発生的に産声をあげたときの一コマである。この運動は１９６０年代後半に大きな広がりをみせる。各地で当時の公的扶助制度であるＡＦＤＣ（第１章参照）の受給者を中心としながら、福祉のケースワーカーの恣意的な審査、嫌がらせなどに抗議すると同時に、よりまともな福祉制度を求めた。オハイオの行進と同じ１９６６年には、全国福祉権団体（以下ＮＷＲＯと表記、＊１）と呼ばれる全国組織も誕生する。

＊１　The National Welfare Right Organization, 同団体については Nadasen 2005, Kornbluh 2007 などが詳しい。本節の記述の多くもこれらによっている。

この運動の雰囲気をよく伝えているように思われる文章を次に抄訳しよう。

私は女。黒人の女。貧しい女。太った女。中年の女。そして福祉で生活している。この国では、これらのどれかにあなたが当てはまるなら、人間以下にしか数えられない。もし全てに当てはまるなら、あなたはまったく数えられない。統計を除いては。私は統計。

私は45歳。6人の子どもたちを育ててきた。（中略）

福祉は交通事故のようなもの。誰にでも起こる。でもとくに女性に。（中略）本当のことを言うわ。ＡＦＤＣとはまるで超性差別主義的な結婚。あなたは一人の男（a man）の代わりに、〈男〉（the man）を手にする。彼があなたにひどい仕打ちをしても、あなたからは離婚できない。彼からは離婚できる。もちろん。いつでも彼がしたいときに。でもその場合、彼が子どもを得ることになる。あなたではなく。

〈男〉は全てを支配する。普通の結婚では、セックスはあなたの夫のためのもの。ＡＦＤＣではあなたは誰ともセックスしてはいけない。あなた自身の体をコントロールすることをあきらめなきゃ駄目。それが援助の条件。福祉から外されないようにするためだけに、不妊手術にすら同意しなくちゃいけないこともある。

〈男〉、福祉の仕組みは、あなたのお金をコントロールする。何を買うべきか、何を買ってはいけないか、どこで買うか、そしていくらするか、すべて彼があなたに言う。もし、ものの値段、例えば家賃が、実際には彼が言うより高かったら、ただもうどうしようもない。（中略）

福祉にも良いことが一つある。それはあなたについて、そしてこの社会についての幻想を打ち砕く。……あなたは闘うことを学ばなくてはならない。……もし福祉受給者として生き延びられるなら、あなたはどんな苦境も生き延びることができる。それはあなたにある種の自由、すなわちあなた自身の力と、他の女性たちと一緒にいるという感覚を与える。（中略）

他の福祉受給者たちと一緒に、運動をしてきた。だから私たちは声をあげることができる。私たちの団体はＮＷＲＯと呼ばれている。私たち自身の福祉プランとして共に掲げているのは、適切な保証所得。この適切な保証所得なら福祉から性差別を取り除くことができる。

そこでは、男、女、子ども、独身、既婚、子持ち、子ども無し、なんていう「分類」はない。ただ援助を必要とする貧しい人々がいるだけ。必要と家族規模だけに応じて支払われる。……

もし私が大統領だったら、……女性に生活賃金を支払い始める。私たちが既にしている仕事─子育てと家事─への報酬として。

（ジョニー・ティルモン「福祉は女性問題」、1972年、一部省略）

これはフェミニズムの雑誌『Ms. Magazine』の1972年春の創刊準備号に、同年、NWROの事務局長に選ばれたジョニー・ティルモン（写真6）が寄せたものである。AFDCの受給者の多くも、またNWROに結集した人たちの多くも黒人の女性たちであった。

文中、「適切な保証所得」として言及されているものこそがベーシック・インカムに他ならない。そしてまた、それは彼女たちがすでに行っている労働へのまっとうな支払い──生活賃金──でもあった。彼女たちの多くはひとり親として子どもを育てていた。ここで見落としてはならないのは、だからといって「子育てや家事を条件として支給せよ」とは要求していないことである。逆にそうした審査、ケースワーカーの介入を断固として拒否している

（写真６）ジョニー・ティルモン

（写真７）NWROへの参加を呼びかけるポスター。無料の学校給食や賃金補助などと並んで、保証所得が要求されている　出所：Kornbluh（2007）

のである。

ＮＷＲＯに結集したような各地の福祉権団体は、すでに福祉を受給している人たちへの恣意的で不当な嫌がらせなどに抗議するだけではなく、福祉受給が適格であるにもかかわらず、これまでその申請をしていなかった人々を申請へと誘った。同時に、実際には多くの人びとが貧困に喘《あえ》いでいるのに、福祉制度は少数の人びとしか対象者として想定していない、という制度の矛盾に行政当局を向き合わせ、また人々の注意を喚起することとなった。

そこから先に、どのような対案を構想するかについては様々な意見があったようである。ティルモンの文章にあるようなベーシック・インカム的な方向性の議論は１９６６年の発足当初からあったが、それが他の方向性から抜きんでて優勢になっていくのは1968年ごろだともいわれている。

キング牧師とNWRO

同じく1966年ごろより、キング牧師もベーシック・インカムを主張し始めていた。1967年に出版され、結果的に彼の遺作となった本のなかで、次のように述べている。

　私がここで考察したいと思う一般的な計画が、一つだけある。なぜならそれ［保証所得］は、この国家のなかでの、貧困の全廃を取扱い、それは必然的に、国際的な規模での貧困についての、私の最終的な議論を導き出すことになるからである。（中略）

　私はいま、最も単純な方法が、最も効果をあげるようになるだろうと確信している――貧困の解決は、いま広く議論されている方法、すなわち保証所得という方法で、直接それを廃止することである、と。（中略）

　その保証所得が、たえず進歩的なものとして生かされてくるのを確実にしようと思ったら、次の二つの条件を欠くことはできない。

第一に、その所得は最低の水準にではなくて、社会の中間の水準にあわせて定めなくてはならない。……第二に、保証所得は……社会の総収入が増大したら、自動的に増加するものでなければならない。……

この提案は、いま普通に使われている意味での「公民権」計画ではない。その「保証所得」計画によれば、全貧困者の三分の二を占めている白人にも、利益を及ぼすのだ。私が黒人と白人の両方が、この変化を遂行するために連合を結んで行動するように希望する。なぜならば、実際問題として、われわれが予期しなければならない猛烈な反対にうちかつためには、この両方の結合した力が必要になるからである。

（キング『黒人の進む道　世界は一つの屋根のもとに』、1967年）

NWROの初期のリーダーであったジョージ・ワイリーは1966年10月、ベーシック・インカムを各地で実際に主張している福祉権運動の声に耳を傾けるべきだという内容の手紙をキング牧師に送っている。1968年になってキング牧師は「貧困者たちのキャンペーン」を組織し、NWROにも協力を求める。

これに対してNWROの女性リーダーたちは、実際に彼女たちの集まりにキング牧師自身

（写真８）キング牧師暗殺後の母の日に、キング牧師の夫人と福祉受給の母親たちによる抗議デモのポスター　出所：Kornbluh（2007）

が来て、シングルマザーたちの声に耳を傾けることが条件だと答える。そして同年２月、シカゴで開かれた彼女たちの集まりにキング牧師が顔をだすことになる。キング牧師は会場からの質問にほとんど答えられず、福祉の実際についてほとんど知らないことは明らかだった。ティルモンはいう。「キング牧師、もし知らないのなら、知らないと言うべきです」。これに対してキング牧師は「ティルモン夫人。そうです。福祉について知りません。学びに来たのです」と答えたという。

４月に全米各地を出発し、６月にワシントンに集結する計画の「貧者の行進」はこうしてキング牧師を中心に、ＮＷＲＯも協力して準備されていった。３月末にはニューヨークでキング牧師はＮＷＲＯの女性活動家と会っている。ところがそのわずか数日後の４月４日、南部の街メンフィスで凶弾に斃れる。

ベーシック・インカム要求を旗印に、黒人と他のエスニック・マイノリティー、そして白人貧困層とが手をつなぐことこそ体制の恐れるところだったということなのか。

キング牧師の計画で行進が始まる日だった４月22日に、ティルモンをはじめNWROの活動家たちも逮捕される。さらには２ヵ月後、遺志を継ぐ者たちの呼びかけに応えた10万人のワシントンへの結集は、非常事態宣言によって鎮圧されることとなる。キング牧師の「私には夢がある」という言葉を力強く繰り返す演説で有名な１９６３年のワシントン大行進が翌１９６４年の公民権法に結実したように、「貧者の行進」からベーシック・インカムの導入へというキング牧師の夢は、こうして暴力的に潰されてしまった。

とはいえ、ティルモンたちはキング牧師の暗殺や自分たちへの不当な逮捕を乗り越えながら運動を継続していくのである。NWROは１９７５年まで活動を続けるが、その過程で、福祉のシステムや運用に埋め込まれた人種差別や性差別を明るみに出していった。

また、前述のティルモンの文章のなかで、福祉当局が想定している物価よりも実際に必要な日用品などの価格が高い場合があり、そうした場合にはそれらを入手することができないという実態についての記述があったのを覚えているだろうか。日用品や耐久消費財の購入費

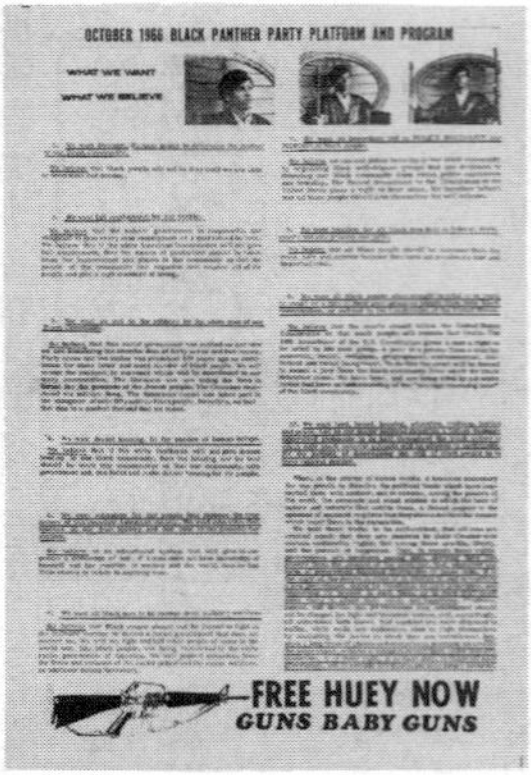
OCTOBER 1966 BLACK PANTHER PARTY PLATFORM AND PROGRAM

WHAT WE WANT

WHAT WE BELIEVE

FREE HUEY NOW

GUNS BABY GUNS

（写真９）ブラック・パンサー党の10ヵ条綱領。1969年印刷。この時点ではまだ「保証所得を全ての男に」となっている　出所：Durant（2007）

用は、大手スーパーなどでの販売価格を元に考えられていたが、そうしたスーパーのクレジット・カードは当時黒人の女性たちにはアクセスできないものであった。そうしたなかで、彼女たちにクレジット・カードを発行することをスーパーに要求するなど、福祉当局との交渉を超えて、社会のなかにある様々な障壁を可視化し、解消を求めていった。

　また、同時期に黒人たちのコミュニティで「サバイバル・プログラム」と称して、無料医療相談や無料食糧配給などを実践していたブラック・パンサー党は、その10ヵ条の綱領の中で、「完全雇用または保証所得を全ての個人に」という要求を掲げるなど（写真9）、ベーシック・インカムの主張はこの時期社会運動のなかで広がりを見せていた。その綱領が１９６６年に最初に発表されたとき、実は「完全雇用または保証所得を全ての男に」となっていたのだが、１９７２年になって「全ての個人に」と改められている。おなじ運動体のなかで、当初は仕事や所得の保障が男性を中心とした世帯単位で考えられていたのが、個人単位で考えることに変化していったのである。こうしたところにも女性たちの闘いの影響を見て取ることができるだろう。

２-２　イタリアの「女たちの闘い」とアウトノミア運動

イタリアの「熱い秋」

以上述べたようなアメリカの動きを注視していた人物の一人に、イタリアのフェミニスト、マリアローザ・ダラ＝コスタがいた。彼女がこれらの動向をどのように理論づけようとしていたかは次章でみることにして、ここでは、彼女たち自身の運動「ロッタ・フェミニスタ（「フェミニストの闘い」を意味するイタリア語）」やアウトノミアと呼ばれる運動がイタリアでどのような要求を出していたかをまずは追ってみよう。

イタリアの1969年は「熱い秋」として記憶されている。550万人の労働者がこの年にストライキを行い、1万3000人が逮捕され、3万5000人が解雇された。この年のストライキによる損失労働時間は、1968年のフランスのゼネスト、1926年のイギリスのゼネストに次いで史上三番目の大きさと言われている。運動の高揚のきっかけは、1968年春の年金問題についてのデモであった。この後数年、1969年の秋（秋はイタリアでは賃金をめぐる労使交渉の時期）を大きなピークとして、工場・街頭で様々な闘争が行われる。

なかでも有名なのがトリノのフィアット自動車工場の占拠である。工場で働く多くの労働者はイタリア南部からの移住者であったが、彼らの運動に学生や市民が工場の外から参加した。また、フィアットのトリノのみならず、ミラノで、ベネツィア近郊の工業地帯で、デモ、ストライキ、減産、怠業、占拠など、様々な形態をとる闘争が既存の組合に頼らず、民主的な開かれた場での議論の結果として生み出された。

こうしたゲリラ的な戦術を象徴するのが、「工場は我々のヴェトナムである」という当時のスローガンである。巨大な軍事力をもつアメリカにゲリラ戦術で抵抗するヴェトナムの民衆に対して、世界の人々の共感が集まった時代状況を反映して紡がれた言葉だ。従来の労使交渉の枠組みを超えて「ゲリラ的」な新しい戦術で資本家に対抗する自分たちをヴェトナムの民衆に重ね合わせたのである。

直接的な要求は、賃上げのような従来の要求の場合でも、平等な賃上げ、出来高賃金への反対、経営側による恣意的なボーナス給付の拒否など、その平等主義的傾向が以前とは異なり、また経営側の経営権の拒否など、これまで労働運動があまり要求してこなかったラディカルな要求を次々と突きつけるようになる。また、工場内の労使関係にとどまらない様々なことが議論される。例えば、大手の電信会社シット・ジーメンスで働く女性たちは、彼女たちが１９６９年４月に作成したリーフレットで以下のような声をあげている。

工場での８時間の労働の後に、女性たちは家で働く。夫や子どものための洗濯、アイロンがけ、針仕事。だから彼女たちは、主婦や母としてさらに搾取されている。本当の仕事と認知されることのないまま。

ミラノのシット・ジーメンスでストライキが起こったとき、事務職の90％が参加し、賃金労働の廃絶を掲げることとなる。工場の門には「ここで自由が終わる」と書かれたという。

資本主義社会が宣伝する自由は、工場の前で立ちすくんでしまう。すなわち、工場の民主化は賃金労働とは両立せず、賃金労働の廃絶へと行き着くというわけだ。

この時期は、イタリアだけではなく、各地で異議申し立てが噴出していた。おそらく最も有名なのはフランスの五月革命であろう。しかし、イタリアの「熱い秋」をパリの五月や他の蜂起と区別するのは、運動の大衆的規模での持続性である。このため、イタリアの運動は「持続する五月」と呼ばれたりもする。工場での運動は比較的早期に弾圧され「正常化」されていくが、工場の外に広がった運動は１９７０年代後半まで続く。

インフレに対抗して大衆的に行われたのが、自己値引き運動である。例えばトリノを含むピエモンテ州では、15万世帯が電気代を自分たちで値引きして支払った。この運動が工場の中での運動戦術の一つ、減産闘争と同じ名前で呼ばれたことは興味深い（＊2）。

イタリア南部から北部への移住労働者たちによる空家占拠も行われた。この占拠運動はしばしば女性たちによって担われたという。一方、工場の外での運動は１９７７年にもう一つのピークを迎える。こうした工場の内と外をつないで行われた運動はアウトノミア運動と呼ばれた。彼（女）らは、当時の資本主義の段階において生産は工場のなかにとどまらず、社会全体が一つの工場となったと捉えたのである。

アウトノミアとはイタリア語で「自律」を意味する。彼ら彼女たちは、議会内政党や従来型の労働組合の統制に従わず、また、自らの要求を経済問題に限定せず、運動のなかから新しい生活の形を作り上げていこうとした。アウトノミア運動の簡潔な全体像については日本への優れた紹介がすでにあるからそれらの書物に譲ることにして（＊3）、以下ではベーシック・インカムに直接つながる要求として、以下の二つを紹介しよう。

「学生賃金」と「社会賃金」

まずは「熱い秋」に先行した学生たちの動きから見てみよう。1967年2月、ピサで開かれた大学学長たちの会合に抗議する学生たちが集まり、そこで以下のような「ピサ・テーゼ」が出される。すなわち、資本主義は先進技術に基づく生産を必要としており、高等教育を受けた学生は、そうした生産を担う未来の労働者である、学生はもはや特権的なエリート

＊2　自己値引きも減産もイタリア語で autoriduzione と呼ばれた。

＊3　小倉（1985）など。なお、本節の記述はこの他「おわりに」で触れるイタリアの友人たちからのご教示と、Katsiaficas (1997), Robert (1990) などの記述によっている。

ではなく、労働者階級の一員である、したがって要求すべきは「学生賃金」である、と。日本では例えば防衛大学校や気象大学校で学生に給与が支給されているが、いわばその論理を拡張するような格好で、全ての高等教育に賃金が支払われることを要求したのである。

このように、これまでの社会の常識からいえば賃金が支払われない領域での活動にも賃金を支払うべきだという要求が出現してくるなかで、家事も労働だとして賃金を要求する動きが出てくる。イタリア北部の都市パドアの女性たちによる「女たちの闘い」（後に「フェミニストの闘い」となる）は、「家事労働に賃金を！」という要求を始める。彼女たちが1971年7月に出した綱領的文書を見てみよう。

> 家事労働は資本主義社会内部に未だ存在する唯一の奴隷労働である。（中略）
> いわゆる「家庭内」労働が女性に「自然に」帰属する属性であるという考え方を私たち女性は拒否する。それゆえ主婦への賃金の支払いのような目標を拒否する。反対に、はっきりと言おう。家の掃除、洗濯、アイロンがけ、裁縫、料理、子どもの世話、年寄りと病人の介護、これら女性によって今まで行われてきたすべての労働は、他と同様の労働であると。これらは男性によっても女性によっても等しく担われうるし、**家庭とい**

うゲットーに結び付けられる必然性はない。

私達はまた、これらの問題（子ども、年寄り、病人）のいくつかを、**国家によるゲットー**を作ることで解決しようとする資本主義的あるいは改良主義的試みも拒否する。

（中略）

私達の闘いの当面の目標は以下の通りである。

（a）家々の**掃除すべて**は、やりたいと思う男女によって担われるべきである。そしてそれは地方自治体あるいは国によって支払われなくてはならない。……

（b）男女とも洗濯とアイロンがけのできる、**完全無料のランドリー・サービス**がある**社会センター**を、すべての地域に作ること。

（c）そこで働く男女が［国ないし自治体から］支払われ、食べたい人だれもが無料で食べることができる地域食堂を作ること。（中略）

女性の明確な目標を具体的に挙げたあとで、主婦としてまた賃金労働者として私達は、労働者階級とプロレタリアート全体の以下の事柄を求める闘いの一翼を担う。

（a）生産性や労働時間とは切り離された、保証賃金。（後略）

（パドア女たちの闘い『地域における主婦の闘いのための綱領的宣

（写真10）「家事労働に賃金を！」キャンペーンの1974年の国際女性デーのポスター

言』１９７１年、太字は原文、傍点は著者による）

ここで「保証賃金」と呼ばれているものがベーシック・インカムに他ならない。職場での「労働の拒否」の結果としての保証賃金要求は、家庭・地域での「不払い再生産労働の拒否」の結果としての家事労働への賃金要求と結びついている。該当箇所に傍点をふったように、彼女たちは当初から「主婦業への支払い」ではないことを強調していた。

しかし、残念ながらこの点は誤解されることが多かった（＊４）。女性をかえって家事に縛り付けることになるというフェミニズム内部での論争に、「フェミニストの闘い」の運動も多くの労力を割《さ》かれることになる。また、労働者階級に分断を持ち込む利敵行為だという男性中心の運動からの誹謗もあった。

こうした中で、労働力の再生産にかかる費用は支払われるか、無料であるべきだ、というベーシック・インカムと連なる要求や、ケアに関わる労働や、ケアの受け手の生活が家庭や施設（国家によるゲットー）に閉じ込められるべきではなく、地域に開かれていくべきだという主張（綱領に誤解の余地なく書かれているのだけれども）は、残念ながら広く理解されたとは言いがたい。しかし少なくとも、彼女たちの主張が今まで労働と認知されていなかった家事労働を労働として認知させていく大きなきっかけとなったことだけは間違いない。

こうして工場の中と外との運動が連動していくなかで、「政治賃金」あるいは「社会賃金」と呼ばれる要求がでてくる。当初、その意味は職場での平等な賃金しか意味しない場合もあっただろうが、工場内外の運動の連鎖のなかで、私たちが今日ベーシック・インカムとして知っているものとなっていく。例えばアウトノミアと呼ばれる運動は「労働の拒否」を唱えつつ、社会そのものが工場と化しているとして賃労働に関係なく、「社会賃金」を支払うべきだと理論化していくことになる。こうした理論化の詳細は次章でより詳しくみることにして、次はイギリスに舞台を移して、いま少し当時の運動を追うことにしよう。

＊4　例えばイタリアのフェミニズム思想を英語で概括できる Bono and Kemp（1991）は便利な本だが、彼女たちの闘いを、「家庭における女性—主婦への賃金」という章に押し込めている。

2-3　イギリスの要求者組合運動

女たちの主張

要求者組合は1968年から翌年にかけて、バーミンガムで最初に形成されたといわれている。ここでの「要求者」とは、さまざまな社会政策、福祉サービスの受給者、請求者である。具体的には、老齢年金受給者、障害者、病者、公的扶助受給者、ひとり親、失業者などである。のちに学生が加わる。これらの人たちは、それまで共通の利害をもつとはみなされていなかったが、国家の社会政策、福祉サービスをめぐって、同様の要求をもっているという点で結びつこうとしたのが、要求者組合であった。

バーミンガムでは、「適切な所得への権利」と「福祉利用者によって管理される福祉国家」をスローガンに掲げていた。1970年には、ロンドンやブライトンなど、イギリスの他の地域にもできた要求者組合も集まって全国会議がバーミンガムで開かれ、要求者組合の全国連合を形成する。そして「要求者憲章」として、次の4つの要求を掲げることとなった。

1．全ての人に、資力調査なしでの適切な所得への権利。
2．全ての必需品が無料で提供され、人びとによって直接的に管理される、福祉国家。
3．隠し事の廃止と完全な情報への権利。
4．いわゆる「救済に値する者」と「値しない者」の区別の廃止。

このうちの最初の要求がベーシック・インカムであることはいうまでもない。組合のシングルマザーたちは自分たちのことを「支援を受けていない母たち」と呼んだが、彼女たちが中心になって作成された「支援を受けていない母たちのハンドブック」や「女性と社会保障」といった組合のパンフレット（写真11、91ページ）には、なぜベーシック・インカムを要求するのかについて詳述されている。彼女たちはベーシック・インカムのことを保証所得とか保証最低所得などと呼び、次のように説明する。

保証最低所得制度のもとでは、社会の成員は毎週自動的に、資力調査無しで所得を受け取る。雇用されていてもいなくても、同じ額を受け取る。ケースワーカーはもはや給付を却下したり減額したりする権力をもたない。これは個人単位で支払われ、当該個人の雇用歴、婚姻関係、世帯構成、社会保険加入歴、性的関係、他のいかなる価値判断によっても影響されない。

シングルマザーの福祉受給者に対して、福祉当局は「同棲ルール」と呼ばれる規則を適用していた。これはもし同居している（あるいは定期的に性的関係をもっている）男性がいれば、給付を打ち切るというものである。そのためケースワーカーや当局に雇用された査察官（彼女たちは彼らを「セックス・スパイ」と呼んだ）による監視や辱めが行われていた。こうした辱めから自由になるには、ベーシック・インカムのような制度こそが必要だと彼女たちは考えたのである。ベーシック・インカムの無条件性や個人単位といった特徴がどのような脈絡で形作られていったかが、よく分かる（写真12）。

彼女たちはまた、こうした立場から当時イギリスを含む西欧諸国で一般化していた児童手当を高く評価している。なぜなら資力調査も性的関係の監視もそこにはないからである。彼女たちによれば、児童手当は子どもを対象とした一種のベーシック・インカムであるとし、その大幅な増額の先にベーシック・インカムを構想していた。

また、彼女たちは監視に対する拒否感から、「家事労働への賃金」ではなくベーシック・

(写真11)「女性と社会保障」と題する要求者組合のパンフレット。運動の最初のころに作成されたシングルマザー向けのパンフを加筆・修正する形で、1970年代後半にロンドンの女性たちを中心に作成されたという　出所：バーミンガム要求者組合の当時の活動家所蔵の資料より

(写真12) 同棲ルールに反対し、個人単位のベーシック・インカムを求めるプラカードを持った女性　出所：前掲パンフ「女性と社会保障」より

インカムを要求すべきだと考えた。イタリアの「女たちの闘い」が「家事労働に賃金を」と言ったときには、前述のように賃労働の拒否を掲げる運動のなかでラディカルに主張され、事実上ベーシック・インカムの主張となった。しかし、このスローガンが広まるなかで、性別役割分業などを肯定したまま、主婦への報酬のように解釈されだす。加えて、実際に家事をしているかどうかの審査が必要だといった議論がでてくる。要求者組合の女性たちは、それは新たな監視を生むと考えた。彼女たち

は次の三つの理由をあげて、家事労働への賃金ではなくベーシック・インカムを、と結論づける。

（1）監視の抑圧性という問題。
（2）性別役割分業を肯定してしまうという問題。
（3）賃金という表現自体が賃金労働を肯定してしまっているという問題。

このうち賃金労働をどのように捉えるかという問題をめぐっては、同時代の運動への批判も投げかけている。主流派の労働運動では失業問題への取り組みとして「働く権利」キャンペーンが行われていた。これに対して、要求者には失業者だけではなく、障害者・病者などを中心に働けない人たちもいるため、「働く権利」だけでは問題は解決しないこと、またそのキャンペーンのいう「働く」ことには賃金労働しか入っておらず、家事労働の問題が抜け落ちてしまっていることを批判している。彼女たちのパンフレットには、夫が「働く権利」のデモに行っているあいだ、家事・育児に忙殺される妻を描いた風刺画が載せられている（写真13）。

（写真13）当時の労働運動主流派の「働く権利」運動が、家事労働などの問題を捨象していることを批判する風刺画　出所：前掲パンフ「女性と社会保障」より

また、要求者憲章の二番目の項目から明らかなように、要求者組合はベーシック・インカムと同時に住宅や生活必需品の無料化をも要求していた。ベーシック・インカム要求が、生活保護的な給付をめぐる現実の法的・手続き的な係争をめぐる闘いの延長線上にあったように、この無料化要求も、公営住宅の賃料をめぐる具体的な要求などの延長線上にあった。

要求者というアイデンティティ

さて、それではこのような要求を掲げる要求者組合はいったいどのようなものだったのだろうか。この組合で最も重視されていたのは、当事者のあいだでの議論から出発するという原則である。なぜなら彼（女）たちは当局によって自らが表明する必要を否定されてきていたからである。また、全ての要求者が参加する会議を毎週もち、そこでは専門家による「ケースワーク」が存在しないことが強調されている。中心となる活動は、組合員たちへの当局の嫌がらせなどに対して抗議したり、不当に却下された申請について異議申立てをしたり、といったことであった。そして従来の運動が「雇用」を目標にしていたのに対して、「要求者」として尊厳のある生活をしていくことが対置される。その一つの方策がベーシック・インカムというわけだ。

そのような要求者組合は自然発生的に各地にでき、最盛期では120くらいあったと言われている。それらは先述のように「要求者組合全国連合」という全国組織を構成していた。しかし、それは単なるネットワークで、年4回の大会をもつものの、各組合の自律性を阻害するものではないとされていた。彼（女）らが批判する、当局や既存の運動団体の相似形となってしまうことを拒否したのである。

しかし、食うや食わずの要求者たちの集まりであったから、地域での活動はともかく、全国レベルの活動には様々な困難があった。バーミンガムの当時のメンバーへの筆者の聞き取りに拠れば、会議に出席するための移動はヒッチハイクで、シングルマザーたちにとっては危険と隣り合わせの行動だったという。

ところで「要求者」というアイデンティティは自明のものであったのではなくて、彼（女）らがそれを創り出そうとしていたことは、当時の出版物などから読みとることができる。例えば１９７４年ごろの老齢年金受給者向けのパンフレットの冒頭には、「あなた（がた）」や「彼（女）ら」ではなく、「われわれ」という言葉を使うことについて注意書きがあり、その「われわれ」とは老齢年金受給者のみではなく、上述したような様々な集団からなる「要求者」であることが記されている。そして「われわれ」という用語法が、当局という共通の敵に直面する、全ての要求者の連帯と団結の精神を伝えることを強調している。

バーミンガムでは運動の初期からベーシック・インカムが要求されていた。ロンドンなど知識人層の多い地域の組合でもそうであったようだ。これらの地域では組合員に大卒者や大学中退者を抱えていたが、ここでは地方の大学も無い小さな町の組合でのベーシック・インカムをめぐるエピソードを紹介したい。

それは、ニュートン・アボットというイギリス南西部の町で１９７１年頃に結成され、１９７５年くらいに自然消滅した組合である。この組合は幾つかの点で典型的な要求者組合とは異なる。それはまず、当時の多くの組合が中産階級出身者をそれなりに含んでいたのに対して、この町には大学がないということもあって、そういった階層の当事者をほとんど含んでいなかったという点。次に、最盛期には400人を超えたという規模の大きさの点。さらに、家庭菜園などを運営し、賃金労働を批判するだけではなく、別の仕事の形を模索した点などである。

さて、運動の初期のある日、週次ミーティングで、「全てのひとに資力調査なしでの所得を」という他の要求者組合の主張について議論することとなった。この主張について事前に話し合った中心的活動家の数人のメンバーは当初懐疑的であったが、話し合いの末、これは自分たちの運動に必要な主張だと考えるようになったという。それでもこの主張がメンバーに受け入れられるかどうかについては、確固たる見通しがあったわけではないという。ところが実際のミーティングでは、即座に共感をもって支持されたというのである。

何故支持したのかについて当時のメンバー（夫が病者であることから組合に参加した女性や、労働災害による怪我による失業者として組合に参加した男性など）に数年前にインタビューをしたところ、病者であったり障害者であったり、失業者であるというだけで（すなわち雇用にアクセスできないというだけで）、人間としての生活を奪われることは許されないという強い信念を繰り返し語っていた。

要求者組合がベーシック・インカムを唱えることができた一番の理由は、なんといっても賃労働からの排除という共通点を構成員がもち、しかも賃金労働に従事することのできる可能性についてはバラバラであったことが挙げられよう。そのため一方では従来の労働組合の反失業運動のように雇用への復帰を目標とするのではなく、また他方で社会政策の個別の領域での給付（の改善）を最終的目標とするのでもなく、「普遍的な」ベーシック・インカムを要求することとなったといいうるだろう。

彼らにとって社会的な分断線は資本家と労働者のあいだ（のみ）にあるのではなく、資本家・労働者と要求者のあいだに（も）あるのである。労働者が資本家にならなくてはいけないわけではないように、要求者が労働者にならなくてはいけないわけでもない。加えてそのような要求を可能にした背景として、次のような事柄を指摘しうる。

例えば公的扶助や社会手当など、国家による現金給付を受給する人口が他の福祉国家に比べて比較的大きかったこと、１９６０年代末〜１９７０年代初頭にかけての時代の雰囲気などである。イギリス北部の港湾都市サウス・シールズで１９７０年代に活動していたジャック・グラスビーによれば、ケースワークや既存のＮＰＯの援助相談などによって個人化、客体化される状況から抜け出して、自分たちの実存を賭けた能動的な活動をしようという熱気があったという。

もちろん上記のような共通利害が、いいかえるなら「要求者」としての集合性が必ずしも安定的なものではなかったことは、運動のその後を見れば明らかである。ニュートン・アボットの組合は、1975年頃、比較的若い短期的失業者たちが雇用に復帰していくことによって組合の活動的な構成員の多くを失い、自然消滅へと向かう。実際、多くの組合は1970年代半ばから1980年代にかけて消滅していったようである。

なお、ベーシック・インカムの要求こそいつしか消えてしまったけれども、現在まで活動している団体、あるいは折々に新しく形成された要求者団体もある。また、当時の幾つかの組合は地域における福祉権擁護団体へと変貌を遂げて今でも活動している。組合に関わった女性たちのなかにも、ドメスティック・バイオレンス被害者支援のNPOを立ち上げたり、地方議会の議員になったりと多彩な活動を続けている人たちがいる。

＊　＊　＊

イタリアの運動は、「家事労働に賃金を」と主張しつつ、同時に家事を女性の仕事とみなす性別役割分業をも変えようとしていた。これに対してイギリスの運動は、女性たちが家事や育児を担っているのに、十分な所得がないことを不当だとしながらも、「家事労働に賃金を」という主張が、性別役割分業や賃金労働の現状を肯定しがちであるとして、そうした表現をとらなかった。

この「家事労働に賃金を」という表現をめぐるイタリアとイギリスの違いは、時間差の問題といっても良いのかもしれない。イタリアで最初にそうした表現が出現したときには、それ以外に表現しようがなかった。つまり女性が家庭でやっていることを仕事だと社会に認めさせるには、労働という言葉を使わざるを得なかった。また所得要求は賃金という言葉を使わざるを得なかった。

ところが一旦「家事労働への賃金」というスローガンが人口に膾炙すると、当事者たちがそこに込めたラディカルな意味が消え去っていく。家事労働への賃金という主張が、賃金労働や性別役割分業に対して持っていた批判的な視座が失われ、主婦賃金といったものへと矮小化されて解釈されてしまうのである。そうした状況のなかで、イギリスの要求者組合の「家事労働への賃金」批判がでてくるのである。事実、両者の綱領やパンフレットを見ていくと、性別役割分業批判、賃金労働批判、ベーシック・インカム要求と、ほぼ同じ主張をしている。

「家事労働に賃金を」という要求は、本章で取り上げた地域のみならず、ヨーロッパや北米各地でみられた。ベーシック・インカムについていえば、オーストラリアでは1977年の上院選挙に女性党から3人の立候補者が立ったが、彼女たちはベーシック・インカムの導入を公約に掲げていた。またいくつかの国で緑の党（またはその前身）が作られていくが、そうした動きにベーシック・インカム要求は引き継がれていく。その詳細は第6章で紹介することにしたい。

本章で紹介したイタリアの運動が、明確にフェミニズムの運動として提起されていたのに対して、アメリカとイギリスの運動は、第一義的には福祉権をめぐる闘いであった。彼ら彼女たちが福祉権という言葉に込めた意味は、分析的に振り返れば、次の三つの意味に分けて考えることができる。

第一に、現に福祉を受給している人々の、法律通りに給付を受け、また当局の不当な嫌がらせから自らを守る権利。第二に、福祉を受給していないが、法的には受給可能な人々の福祉受給権。第三に、当時の法制度では福祉を受給する権利がない人々も含めた皆が最低限の所得を保障される権利。これら三つが一体のものとして要求されたというのが、アメリカの福祉権運動とイギリスの要求者組合運動の特徴だった、と整理することができるだろう。

では、なぜそのようなことが実際に起こり得たのだろうか。

一つの有力な答えは、シングルマザーたちの運動と第二波フェミニズムの出会いということだろう。ティルモンがNWROの事務局長になり、彼女の文章がアメリカのフェミニズムを代表する雑誌『Ms. Magazine』の創刊準備号に載ったことは、その出会いを象徴する出来事だろう。

1960年代から1970年代にかけての女性解放運動を、19世紀後半から20世紀初頭にかけての女性参政権運動と区別して、後者を第一波フェミニズム、前者を第二波フェミニズムと呼んだりする。通常、第一波フェミニズムでは参政権などの制度が問題化されたが、第二波フェミニズムでは制度や政治などはもちろんのこと、通常そうした公的な事柄とは感知されない、私的なこととされる人々の意識が問題化されたといわれる。「個人的なことは政治的なことである」という表現は、そのことを良くあらわしている。

このフェミニズムの議論がシングルマザーたちの運動と出会ったことが興味深いのは、意識を問うことが新しい制度の提案につながったことである。なぜシングルマザーたちは福祉受給の現場で「同棲ルール」などに基づく様々な嫌がらせを受けなくてはならないのか。その背景には、核家族と性別役割分業を当然とする人々の意識がある。その意識が問題であり、そして現行の制度がそうした意識によって形作られているならば、意識とともに制度も変える必要がある。核家族と性別役割分業を前提としない新しい意識から導き出されるのは個人単位のベーシック・インカムであるというわけだ。

もちろん、福祉権運動の担い手はシングルマザーだけだったわけではないし、女性たちだけだったわけでもない。また女性であれ男性であれ、性別よりも人種などの差異の方が前面にでることも多かっただろう。ただ、彼ら彼女らの運動をベーシック・インカムという要求から捉え直した時に、運動の担い手の多くが女性だったことは大変重要だったということである。そしてそのことはしばしば捨象されてきたのである。

イタリアのマリアローザ・ダラ=コスタは当時、アメリカの福祉権運動の動きが失業者の運動、そしてエスニック・マイノリティーの運動としてのみイタリアに紹介されていることに、不満をかくせないでいた。彼女がどのような運動に参加したかは第2節でみたが、そこからどのような理論を紡ぎだしたかは次章でみていくことにしよう。

｛第２章のまとめ｝

▼アメリカ、イタリア、イギリスなどでは１９７０年前後にベーシック・インカムを要求する運動があった。

▼その担い手の多くは女性たちであった。

▼アメリカでは、公民権運動で有名なキング牧師も女性たちとともにベーシック・インカムを要求した。

▼イタリアの運動は、「家事労働に賃金を」と主張しつつ、同時に家事を女性の仕事とみなす性別役割分業をも変えようとしていた。

▼イタリアの運動はまた、高齢者や病者の介護が大規模施設で閉鎖的に行われることも拒否した。実際10年あまり後に、精神病院は解体される。

▼イギリスの運動は、女性たちが家事や育児を担っているのに、十分な所得がないことを不当だとしながらも、「家事労働に賃金を」という主張が、性別役割分業や賃金労働の現状を肯定しがちであるとして、そうした表現をとらなかった。

▼とはいえ、いずれの運動も金銭的にも社会資源の面でも苦しい状況に追い込まれた人々によって担われ、国によっては当局からの弾圧も受け、１９７０年代半ば以降は下火となっていき、ベーシック・インカムを彼女たちが要求していたことすら、社会から忘れ去られていく。

【コラム②　個人単位とフェミニズム】

これらの運動レベルでのベーシック・インカム要求は、現在のフェミニズム理論とどのように関連するだろうか。フェミニストたちは、第1章で紹介したような福祉国家のしくみを、ジェンダーの不平等を構造化するものだと批判してきた。

完全雇用という前提は多くの場合、正確には男性の雇用であって、男性がいわゆる「家族賃金」として世帯の生活費を受け取るという仕組みが根幹にあり、社会保険であれ社会扶助であれ、それを補完しているに過ぎないとされる。家族賃金が想定してきたのは**男性稼ぎ手・女性家事従事者モデル**と名指しされる。

アメリカのフェミニスト理論家ナンシー・フレーザーは家族賃金にかかわるオルタナティブについて、以下のような議論をしている。家族賃金への対案としては三つのモデルが考えられる。一つは**総稼ぎ手モデル**であって、男女ともフルタイムで働くという想定である。アメリカの（主流派）フェミニストとリベラルが想定しているのがこのモデルであるとフレーザーは指摘している。第二のモデルは、**ケア提供者対等モデル**であって、性別役割分業はそのままに、女性に「ケア提供者手当」を給付しようという方向性である。フレーザーによれば、西欧のフェミニストと社会民主主義者が想定しているのがこのモデルだという。第三の、フレーザー自身が提唱するものは、**総ケア提供者モデル**である。ここでは全ての人の労働時間が現在のフルタイムのそれよりも短くなる。ケア労働は総稼ぎ手モデルのように社会サービスに全て置き換えられるのではなく、世帯内および世帯外で担われることになる。

このフレーザーの議論に従って、本論文で概観してきたシングルマザーたちの運動とそこでのベーシック・インカム要求を分類すると、一見ケア提供者対等モデルの論理で展開されたと位置付けることがさしあたり出来るかも知れない。なぜならベーシック・インカムを要求した彼女たちの論理は、このモデルにおけるケア提供者手当と類似しているからである。とはいえ、良く考えるとそうとは言い切れないことに気づく。彼女たちは確かにケア提供を理由にはしたが、求めたのは「ケア提供者手当」ではなくベーシック・インカムである。このことの意味を真剣に考えれば、単純にケア提供者対等モデルとは言えなくなる。

ここでは（フレーザーの議論に福祉権運動を当てはめるのではなく）逆に、彼女たちの運動から、フレーザーの議論を吟味してみよう。フレーザーは総稼ぎ手モデルにおいては賃労働に従事できない者が、ケア提供者対等モデルにおいてはケア労働できない者が排除されてしまうとする一方で、彼女の提唱する総ケア提供者モデルではそのような排除がないかのように語る。

確かに、このモデルでの賃労働は量的には普遍的稼ぎ手モデルにおける賃労働とは異なるだろうが、とはいえ賃労働に従事できない者は残るだろう。またとりわけ福祉権運動の文脈から重要なのは、フルタイムのケア提供者となることを選んだ者がどうやって食べていけるのかは全く明らかではないということだ。フレーザーはこのモデルにおける世帯は異性愛核家族とは限らないと述べているが、それでもやはり世帯内に複数の大人がいることをどこかで前提としているのではないか。その限りで世帯に一人の稼ぎ手しかいなくても生活できることを要求した福祉権運動からは、このフレーザーのモデルは彼女自身が考えるほどには魅力的なものではない。

フレーザーの総ケア提供者モデルは世帯内に複数の大人がいることを前提にしている。このこと自体を乗り越えていくためには、そこにケア提供者手当またはベーシック・インカムを組み込むことが最低限必要となってこよう。第6章で後述するように、いくつかの緑の党においてベーシック・インカム要求がペイ・エクイティ(同一価値労働同一賃金)や労働時間短縮と並んで要求されていることは、研究者の類型提示に先んじて、すでに運動の領域ではこうした方向性が現れているということなのかもしれない。その要求や方向性の理論化はまだ運動の領域では十分にされていないとしたら、それを理由に無視するのではなく、理論化を行うことが研究者に課せられた課題のように思われる。

なお、成人が一人の世帯を政策のモデルとした場合に、複数いる場合の「規模の経済」の利得が誰に帰属するかというのは興味深い検討課題である。この点については久保田裕之が興味深い問題提起を行っている(2007年12月7日に京都で行われた「ベーシック・インカムを考える会」での報告)。なお個人単位の制度を批判する人びとにとっては、この規模の経済の利得が、当該個人ないしグループに帰属することに難色をしめしているということになる。ただ現行の保険・保護モデルにおいては、多くの場合、年金や雇用保険などの社会保険は個人単位、生活保護は世帯単位となっている。もしこれを批判しないのであれば、その人は、「二級市民」

は規模の経済の利得を取得できるが、「二級市民」にはそれを許さないと考えているともいえる。

このような文脈でみてくると、ベーシック・インカムが無条件であることと同時に、それが個人単位で支給されることが、とても重要であることが分かる（なお廣瀬純は、ラテン・アメリカでのベーシック・インカムをめぐる動向を観察するなかで、個人単位の支給が、社会運動を無力化する可能性があることを指摘している。この論点についてはここでは立ち入らない）。

第3章　生きていることは労働だ
——現代思想のなかのベーシック・インカム

前章では、運動のなかでベーシック・インカム要求が出現したことを、アメリカ、イタリア、イギリスの事例で追ってきた。このなかで一番有名な事例はやはりイタリアだろう。その理由の一つとして、１９７０年代に入って運動は持続するものの、イタリア以外では規模の面では小さくなっていったのに対し、イタリアでは比較的長期にわたって、体制の側から「もう一つの社会」と呼ばれるほどの規模で様々な取り組みが続いたことが挙げられるだろう。

そうした物質的基盤のうえに、狭義の運動と、より広範な人々の生活上の変化とを結ぶ、一貫した抵抗の論理を発見しようとする理論家たちの作業があった。そして最後に、イタリアの理論家たちによって分節化された論理が、日本の障害者運動のなかで紡ぎだされた言葉と重なり合う部分があることに触れる。

3-1　ダラ＝コスタのユニークな解釈

労働の二重の拒否

第2章で触れたイタリアの女性運動家マリアローザ・ダラ＝コスタは、自ら家事労働への賃金要求やベーシック・インカム要求を含む、フェミニストの運動に関与すると同時に、アメリカの福祉権運動にも注目していた。

イタリアにおけるその紹介が、運動の担い手が女性であることを見落としていることを指摘すると同時に、福祉権運動以前の「闘い」にも着目する。すなわち、第二次大戦後、一貫して増大していく家事代替的な市場サービスや社会サービスの展開、市場サービスの購入が標準化すればその結果生計費は増大し、それが福祉給付額をも押し上げる。また、社会サービスの展開は当然のことながら財政支出を増大させる。こうした動向を、女性の「家事労働の拒否」という闘いの結果と位置づけるのである。

福祉権運動におけるベーシック・インカム要求は、一方で行ってきた家事労働への支払い要求であると同時に、家事労働を拒否することによって標準化しつつある家事代替サービスの購入のための必要経費でもあるというのだ。このことは後述するように「社会賃金」としてのベーシック・インカムが「生の生産」と呼ばれる新しい生産のあり方における労働への支払いであると同時に、賃労働の拒否でもあるという論理に対応している。つまり賃労働の拒否と家事労働の拒否という、労働の二重の拒否の帰結として、ベーシック・インカムがある。

また、ダラ=コスタは自分たちの運動の「家事労働に賃金を」というスローガンに対して、それを性別役割分業の肯定であるとか、女性の家庭外での労働を軽視しているという批判を退ける。

家事労働への賃金要求闘争は、女たちに共通しているこの第一の労働に対して、コストを支払わせる運動であるかのように装いながら、また、各々の労働はすべて賃金労働であるのだと主張しているように装いつつ、実際には、女たちが、家庭外労働の諸条件(もし、私が、家事労働で15万リラもらっていれば、7万リラで秘書として身売りする必要はないのだ)を、そしてまた、サービスの諸条件(もし、家庭内で展開されているのが労働の名に値するなら、私はあらゆる労働者たちと同様、この二次的な労働との引き換えということではなく、現在行っている労働の時間を短縮し、労働の耐えがたさを軽減するためにこそ、無料のサービスを受ける権利をもつと考える）を提示しうるような力を構築するための、最初の段階を作り出しているのだ。

（ダラ＝コスタ『家事労働に賃金を』、１９８６年）

このように、家事労働と賃金労働の双方を貫く要求として家事労働への賃金要求があるという主張には、女性の賃金労働の多くは、それが女性によって担われているが故に安く買いたたかれているという、世界中いたるところに存在する現実への的確な視線があるだろう。日本でも、女性によって主に担われている介護などの労働における労働条件の劣悪さを、母親の家庭内での家事・育児などの仕事での仕方との比較で正当化しようとする言説が幅を利かせてきた。

例えば、週休を願い出た保育士の願いを「お母さんには休みはないのだ。施設の保母は母親の役を果たしている。だから二十四時間勤務で、休日のないのも当然だ。私は他の人達にそう話して廻っているのに何事だ」といって蹴った施設長の言葉が、昔の福祉関係者向けの雑誌（『社会事業』全国社会福祉協議会）に記録されていたりもする。母親が二十四時間ただ働きしていることが、女性が外で働くときの劣悪な労働条件を正当化してしまうのなら、発想を転換しよう。逆に、家庭での労働への支払いを要求することが、外でのまともな労働条件を勝ち取ることにもつながっていくのではないか、と。

女性であるが故の賃金格差という側面への着目はまた、例えば看護師と消防士の仕事を比較し、看護師の給料が不当に安いことを問題化していくことになる、コンパラブル・ワースあるいはペイ・エクイティと呼ばれる同一価値労働同一賃金を求める運動の萌芽でもあるといえよう。

3-2 アントニオ・ネグリの論理

非物質的労働

同時代の運動のなかでてきた新しい要求を理論化しようとした一連の人物たちのなかからもう一人、アントニオ・ネグリの言い分に耳を傾けてみよう（＊1）。イタリアで「もう一つの社会」としての運動が様々な取り組みを繰り広げていたころ、労働（者）のあり方が、それまでの「大衆化された労働者」から「社会化された労働者」へと変わりつつあったと彼は分析する。

この変化はフォーディズムからポスト・フォーディズムへという生産様式の変化に対応している。大量生産・大量消費を特徴とするフォーディズムのもとでは、人々は工場に動員され、そこで同一のものを大量に効率的に生産するための様々な仕掛けのもとで働かされることになる。もちろん全ての人々がそうした工場に動員されるわけではないが、このような工場労働の形態が、この時期の資本主義の生産のあり方を主導するものとなる。

このような工場労働者主体の「大衆化された労働者」というあり方も、ポスト・フォーディズムのもとで「社会化された労働者」へと変容する。生産のあり方を主導するのはもはや工場ではなく、社会全体が工場と化す。そこでは賃金労働以外の、これまで労働と認知されてこなかった様々な活動も、資本によって生産に利用される。賃金労働も家事労働も、賃金労働者も失業者・福祉受給者もともに生産的なのであるという。

いったいどういうことだろうか。労働はますます工場労働のような時間的・空間的に限ら

＊1　Antonio Negri (1933-)。以下の記述は、彼の一連の著作や共著 Negri (1989), (2002), Hardt and Negri (2000), (2004) での議論を念頭に置いている。

れた形で行われるのではなく、人々のコミュニケーションを媒介する形で行われるようになる。ここには二つの相対的に別個の動きがある。一つは一部の論者たちによって「労働の女性化」と名付けられることもある趨勢であり、ネグリと彼の共同研究者のマイケル・ハートが「情動労働」と呼ぶものである。彼らはこれを「安心感や幸福感、満足、興奮、情熱といった情動を生み出したり操作したりする労働」と定義している。家庭内で伝統的に女性が担ってきた、ケアなどの労働はもちろんこうした労働の一形態である。ダラ＝コスタに従えば、戦後一貫して女性たちによって担われてきた「家事労働の拒否」によって社会化・市場化した代替サービス（例えば介護労働など）ももちろんそうである。

それればかりではない。サービス産業の多くの領域で、情動が労働の主要な要素として動員されている。教育の場においても労働者としての「雇用可能性」を高めると称してコミュニケーション技能に焦点が当てられたりしているのはそのことを反映しているだろう。「スマイル0円」というコマーシャルはこのような労働（と搾取）の有り様を端的に示している。もう一つは、情報化、ネットワーク化といったような言葉で表現されてきた趨勢である。ハートとネグリは「知的ないし言語的な労働」と呼んでいる。

こうした生産の有り様を主導する労働をイタリアの理論家たちは「非物質的労働」と名づ

け、ネグリとハートもそれを踏襲している。彼らによればこうした労働は三つの特徴をもっている。第一に、

仕事時間と余暇時間との区別がどんどん曖昧になり、従来の労働日という概念が変質する。……生産の目的が問題の解決やアイデアまたは関係性の創出ということになると、労働時間は生活時間全体にまで拡大する傾向がある。アイデアやイメージはオフィスの机に座っているときばかりでなく、シャワーを浴びたり夢を見ているときにもふと訪れるものだからだ。

（ハート&ネグリ『マルチチュード』、２００４年）

第二に、「情報、コミュニケーション、協働が生産の規準となり、ネットワークが組織の支配的形態となる」。第三に、労働関係が安定した長期的雇用から、「フレキシブルで移動性が高く不安定な」ものとなる（前掲書）。

これらから従来の労働日や労働時間で測ったような賃金形態は時代遅れのものとなる。このようにいうと「ホワイトカラー・エグゼンプション」を唱える日本経団連のようだが、日

本経団連は「労働の成果」を個人に帰属させることができると考えているのに対して、ネグリたちは成果は協働の結果であると捉える点が決定的に異なる。

ところで、ネットワークは同質の人間だけではなく、異質の人間を結びつけるからこそ意味がある。その意味で一人ひとりの違い——ネグリたちの言葉で言えば特異性(singularities)——そのものが価値を生み出すこととなる。個人に帰属させることができるものがあるとすれば、それは分割された「成果」なるものではなく、個々人の「生」そのものである(このような生産のあり方を「生の生産」と彼らは呼ぶ)。したがってポスト・フォーディズムのもとでの支払いは「生」への支払いとなる。先述のイタリアの運動で「社会賃金」と呼ばれていたものは、このように理論付けられることとなる。現在のイタリアの運動では「市民権所得」(reddito di cittadinanza)と呼ばれ、また英語でのネグリたちの著作では保証所得と呼ばれるものは、まさしくベーシック・インカムに他ならない。

真っ当な生を営むための前提条件

ここまでのネグリ(たち)の議論が興味深いのは、一方での介護労働などの情動労働と、他方でのネットワーク型の分析・問題解決にかかわる労働を統一的に捉えようとしているところである。こうした視点を可能にしているのが、彼らの極めてユニークな主張である。すなわち、これらの労働の変容は、人々の抵抗の結果としてあるという主張である。抵抗とはダラ＝コスタが理論化したような、日々の生活のなかでの家事労働の拒否のような、静かで持続的なものでもあり、また「社会的工場」「もう一つの社会」などと呼ばれた目に見える蜂起といってもよいような運動でもあり、また第三世界の脱植民地化闘争のような戦争など様々な形をとって現れたものでもある。

これまで家庭のなかで見えなくさせられていた家事労働が「(再生産)労働の拒否」によって一部、市場化や社会化していくことを通じて、支払われる形態としての情動労働が増加し、また支払われない形態の情動労働も労働として顕在化する。そして運動のなかで構築される様々なネットワークと、そこで生み出される新しい価値が、あとから資本によって簒奪《さんだつ》される。

たしかに、例えば第2章で紹介したベーシック・インカムを要求していく運動のなかで繰り広げられたケースワーカーの恣意的な生活への介入への抵抗や福祉国家批判がネオリベラリズムに流用・簒奪されてしまったこと、ヴェトナム反戦という連帯の想像力とネットワークが、世銀やIMFといった国際機関の力を背景にした先進国に都合のよい市場構造の押し付けに先行したということなどは思い出し、記憶しておいてもよい。

なお「非物質的労働」という概念に関連して注意すべきことが二つある。第一に「非物質的」というのは、労働そのものが非物質的だということではなく、その生産物が非物質的だという意味である。サービス、文化的生産物、知識、コミュニケーションなどである。第二に、全ての労働が非物質的労働になるとネグリは言っているわけではない。20世紀にすべての労働が工場労働になったわけではなく、工場労働の形態が支配的傾向として他の労働形態に影響を与えていたように、現在は非物質的労働が支配的傾向となり、その他の労働形態にも影響を与えているということである。

例えば建物の建築や解体などの物質的労働を考えてみよう。建設業での日雇い派遣は法で禁止されているが、今も昔も間接雇用かつ日雇いという形の就労は、実態としては存在している。一昔前であれば、山谷、釜ヶ崎といった寄せ場がそうした就労形態の大都市における主要な労働市場として機能していた。労働者たちはそうした地域のドヤと呼ばれる簡易宿泊所に寝泊まりし、早朝路上で人夫出し業者と労働者が相対した。現在では、日雇いといえども派遣会社に携帯電話から登録したり、あるいはネットカフェなどでインターネットを通じて翌日の仕事を探したりしなくてはならなくなってきている。

こうした情報化の傾向は、一方で資本の側に労働者の選別をより容易にする（現在時点での寄せ場と携帯・ネット派遣を比べた場合、寄せ場の方が選別がきついかもしれないが、これは後者の拡大などによる前者の労働市場の縮小という別の条件が働いていよう）が、他方で反撃の潜在的条件も高まる。日雇いにおける賃金「ピンハネ」は昔から続いているが、人夫出し業者による古典的なそれに比べて、派遣会社によるデータ装備費などの名目でのものの方がデータとして残っている分、反撃の条件は整備されつつあると言えるかもしれない。

なお、ネグリはハートとの共著『帝国』と『マルチチュード』のなかで、「マルチチュード」という概念について語っている。このマルチチュードとは、先述の「社会化された労働者」を人々の違いに焦点を当てて再概念化したものに他ならない。

『帝国』において「グローバルなマルチチュードのための政治綱領」として三つの要求が掲げられている。第一の要求が「グローバルな市民権」であり、第二の要求が「社会的賃金と全ての人への保証所得」で、第三のそれが「再領有への権利」である。

第一の要求は、フレキシブルで移動を伴う不安定な働き方で、労働力移動が促進されている現実を踏まえ、真に移動の自由が認められるべきだとするものである。第二の要求は、労働形態の変化に伴う新しい支払い形態としてのベーシック・インカムを求めるものだ。第三の要求は、協働の結果である非物質的生産物から、知的所有権などの形で生産者である私たちが疎外されてしまうことを阻止するためのものである。これらはなにか革命的なもの、大それたものとして提起されているのではなく、当たり前の、私たちが真っ当な生を営むための前提条件として要求されている。

3-3　青い芝の会——日本の障害者運動

日本のアウトノミア

以上見てきたように、ベーシック・インカムを主張したイタリアのアウトノミア運動の背景にあったのは、ネグリの理論化に従えば、「いまや生きていること自体が労働だ」、あるいはより端的に、

生きること自体が報酬の対象になる。

（ネグリ『ネグリ生政治的自伝』、2002年）

という主張ということになる。じつは日本でも同様の主張があった。ちょうどイタリアやイギリス、アメリカでベーシック・インカムを要求する運動が盛り上がりを見せていた頃である。「青い芝の会」という1957年にできた脳性マヒ者たちの団体は、1970年ごろから運動団体としての性格を強くもち、健常者中心の社会に対して様々な問題提起を行っていく。今でもその会に集う障害者たちがおり、筆者も1990年代に、「寝返り打つのも労働だ」という声を青い芝の会の周辺で耳にした覚えがある。彼ら彼女らの運動については、社会福祉学においては否定的に言及されるか黙殺されることが多かったが、いまでは当事者の声も、インターネットなどを通じてアクセスしやすくなっているし、当事者が多く参加する障害学会なども産声を上げている。だから運動の詳細についてはぜひそうした声や学問の成果に直接あたってもらうことにして、以下では、1972年の大阪青い芝の会の会報から、これまでの議論に関連する個所を紹介することにしよう（＊2）。

＊2　以下の引用はいずれも、関西青い芝（1975）より。ただしインターネットに再録する際の誤変換と思われるものは修正した。なお傍線は筆者による。青い芝の会については例えば横塚（1981）、倉本（1997）、立岩（1998）などが詳しい。

今まで、障害者は働く事は良い事なのだ。働けない事はいけない事なのだ、と教えられ、重度のものは、それゆえ、人間の生活のない施設に送りこまれてもあきらめて一生をそこで過ごしていました。また、働ける障害者は、どのような事業所、授産所、福祉工場でもおどろく程の低賃金で働かされています。……私達は、人間の本当の価値を創り出す事が、障害者にとっての労働であると考えます。（中略）

事あるごとに「働く事はいいことなのだ。働く所がなければ授産所へ行ってでも働け」と言われ続け（授産所で働き過ぎて死んだ兄弟を、私達は多く知っています）、街を歩けば「どこの施設から逃げてきたのだ」と言葉をかけられるこの現実を私達は拒否します。そのために、私達は、私達自身の手による生活拠点を作ろうと考えつきました。他人に管理されるのではなく、自らを自らで生活管理する、日常の生活地区に私達の自立生活を打ちたてるのです。（中略）

障害者は、日本労働市場の賃金体系からのけものにされ、その事を実証として、労働者の安い賃金が維持されているのです。したがって、生活保護費が最賃制をこえる時、日本の賃金、通貨体系は根本からひっくりかえるのです。……私達は、今、私達自身の価値観を生み出しつつあります。それは、逆説的であれ、労働、働く事に対する私達の疑問の提出であり、障害者であってなにが悪いのか、と問う事にあるのです。（中略）「福祉国家」日本は、……養護学校、施設、コロニー増設等を、「善悪」の名でかざりたて、親のしんどさをたくみに利用し、実は障害者自らの本当の想いを、命を、闇から闇へ葬り去ろうとしています。私達は、こう考えます。障害者にとっての労働とは、即、生きていくことであり、即、社会性であり、即、自立であると。（中略）

私達は、何か特殊な要求をしているのではありません。私達にかけられてくる差別によって生ずる苦悩は普遍的なものであるがゆえに、私達の要求が普遍的性格を持ち、なにか特殊な不正をこうむっているのではなく、不正そのものをこうむっているために、どんな特殊な要求もしない。……労働に対する考え方をかえる。障害者は、まず、自立を前提として労働を考える。従来は、労働と賃金を同一視して考えられていたが、私達は、生きる事を尺度として労働を福祉工場内で働く、健全者、障害者を同一賃金とし、たらざる所を行政に保障させつつ、そこに働く者の、おのおのの立場を共同して確認し、相互の価値にめざめ、新しい労働意識を創りだしていく。

直接ベーシック・インカムが主張されたわけではない。ただ、ここで展開された思想は、ネグリたちの思想や、ベーシック・インカムを要求していく運動の論理と親近性をもっている。瓜二つといってもよいかもしれない。

日本のアウトノミア、日本の要求者組合は確かにあったのだ。逆にアウトノミアや要求者組合において、青い芝が唱えたような要求との普遍的共通性はべつにして、障害者という特異性がどこまで踏まえられていたかは怪しい。もちろん、例えばイギリスの要求者組合には障害者の組合員もいた。ここで「怪しい」といっているのは障害者の参加が無かったということではなく、例えば同じ組合でジェンダーの問題が真剣に取り上げられたように、障害の問題が取り上げられただろうか、という疑問である。むしろアウトノミアや要求者組合は青い芝への途上だといっても良いのかもしれない。とはいえ、ここではさらに二点ほど興味深い類似性を駆け足でみておこう。

二つの類似性

一つは、イギリスの要求者組合と青い芝の会の、現代における賃金労働（者）の占める位置についての認識の共通性である。横塚晃一は、ともに活動した仏教者、大仏空《おさらぎあきら》から受け継いだものとして、親鸞の悪人正機説のユニークな解釈について語っている。

悪人正機――すなわち「悪人こそまず救われるべきである」というのは、仏教の教えるところの善い行いに集中できる物理的な基盤をもつ支配層の人々ではなく、生きるために殺生を行わざるを得ない労働貧民こそ救われるべきであるという意味である。そして現代において、「善い行いとは究極のところよく働くことだ」とされている。そうした善い行いから排除された人々、すなわち障害者こそ救われるべきではないのか、というわけである。

長い歴史の中で、虐げられ、逆に言えば社会を変革する主体として期待されてきた労働者階級の位置に今いるのは、いまや労働者階級ではなくて要求者階級である、と考えたのがイギリスの要求者組合であった。社会運動のなかで、ともすれば労働中心主義的な世界観で不可視のものとされて主体としては排除されがちであった「働かざる者たち」を、再度主体として位置づけなおそうとしたのが横塚の議論であり、要求者組合の議論であったといえるだろう。

もう一つは、イタリアのベーシック・インカムを唱えたフェミニズム運動と青い芝の会との類似性である。先に引用した「パドア女たちの闘い」の綱領にある、家庭というゲットーの拒否と国家ゲットーの拒否とは、まさしく青い芝の会の綱領の有名な一節、すなわち「愛と正義を否定する」と呼応しているという点である。というのもこの一節は、障害者の介助を必要とする生活が、一方で家庭内（「愛」）に閉じ込められてしまうこと、他方で施設内（「正義」）に閉じ込められてしまうことへの否定であったからである。

もちろん介助の受け手（青い芝）と担い手（イタリアの女性運動）という立場の違いは厳然としてある。また彼女たちのクレジットには年寄りや病者はいても、障害者はいない。この点を踏まえたうえでなお、介護関係を理由として、介護を受ける者たちの生活が、家庭や施設に閉じ込められてはならない、という彼女たちの発想と青い芝の会の綱領との呼応関係には目をみはらざるを得ない。なお10年近くの後、イタリアの運動は精神病棟の解体に成功する。

なお、筆者は青い芝の会で日本の障害者運動が代表されるというつもりはない。同様にNWROがアメリカの福祉権運動を代表しているとか、要求者組合がイギリスの福祉権運動を代表しているとか、「ロッタ・フェミニスタ」がイタリアのフェミニスト運動を代表しているとかいうつもりもない。これらの運動がベーシック・インカムとのかかわりで（少なくとも筆者にとっては）重要であり、また相互に関連性をもっているということを論じているつもりである。

＊　＊　＊

1968年前後の「熱い季節」の中で要求されたことの多くは、現実はともかく、少なくとも理念においては常識となりつつある。男女や人種の平等しかり。まともな労働への権利しかり。そうしたなかでベーシック・インカムの主張は、（少なくとも日本では）いまだ理念の上でも常識になり損ねているように思われる。今こそ忘れ物を取りに行く時ではないだろうか。

本章で言及した現代思想は私たちに、この忘れ物がなぜ忘れられてしまったか、そしてどうして取りに行かなくてはならないかを教えてくれている。この意味で、第2章と本章の議論とは深く接続しているのである。

｛第３章のまとめ｝

▼ダラ＝コスタは、アメリカの福祉権運動を、女性たちの「家事労働の拒否」の結果であるというユニークな解釈を行い、「賃金労働の拒否」と「家事労働の拒否」という二重の拒否戦略をとった。

▼その発想は、女性の賃金労働における立場が、家事労働における立場と密接に関わっていることに焦点を当てており、のちのペイ・エクイティなどの主張に繋がる部分があった。

▼ネグリたちは、非物質的労働という概念をひとつの根拠に、労働時間と非労働時間の区分が曖昧化しており、いまや人々の生そのものが価値を生み出していると主張し、このことをベーシック・インカム要求の一つの根拠として提示している。

▼生きていること自体が労働であり、価値を生み出しているというこのネグリらの主張は１９７０年代の日本の障害者運動の中で見られた主張に類似している。

【コラム③　リバタリアン・バージョンvs.アウトノミア・バージョン?・】

ベーシック・インカムは通常、

（1）一律の額を給付する。

（2）賃金労働をしている場合、その賃金は上積みされる。

と理解されている。だが、ネグリの正当化を字義通りに受け取った場合、違う絵が見えてくる。どういうことか。

第一に、ベーシック・インカムが、生きていることそれ自体への支払いであれば、生きるための費用を弁済するものでなくてはならない。生きるのにかかるお金が人によって異なるなら（現状はそうだ）、支払われる金額も異なることになるのではないか？　第二に、成果を個人に帰属させることができ、また時間を尺度として労働量を測ることができることを前提とした賃金という支払い形態が妥当性を失うことで、代わりにベーシック・インカムが出てきたのだとすれば、ベーシック・インカムと賃金を二重取りすることは正当化されないのではないか？

具体的に考えてみよう。仮に通常のベーシック・インカム理解をリバタリアン・バージョン（「リバタリアン」については「間奏」参照）とし、ここでネグリの読みから提示されるベーシック・インカム理解をアウトノミア・バージョンと呼ぼう。どちらの場合でも最終的な所得は人によって異なりうる。

ここで、多くの障害者に公的給付以外の所得を得る手段をほとんど閉ざしている今と同じような仮想社会を想定しよう。そこに障害者で賃金収入0円のAさん、健常者で賃金収入20万円のBさんがいるとしよう。リバタリアン・バージョンの場合、仮にベーシック・インカムの支給額を10万とすれば、実際の所得はAさんで10万円、Bさんで30万円となる。多くの経済学者たちの議論をはじめ、通常の理解では、ベーシック・インカムはこのように理解される（なお、リバタリアンの中でも「真のリバタリアン」を自称するヴァン＝パレイスは、ベーシック・インカムを給付する前の段階で、障害などに起因する不平等に対応する分配を考えているので、ここでのリバタリアン・ヴァージョンには当てはまらない）。

アウトノミア・バージョンでは、賃金収入はない。Aさんの生活には30万円かかり、Bさんの場合20万円だとすると、そのそれぞれの額がベーシック・インカムとして支給される。リバタリアン・バージョンでは賃金所得によって最終所得に違いが生じるのに対して、アウトノミア・バージョンでは「各人の必要に応じて」違いが生じる。

ネグリの仲間たちの経済学者たちも、近年ベーシック・インカムについて彼らの理論的な議論を展開しだしているが、彼らの多くの議論はリバタリアン・バージョンである。賃金がなくなるべきかどうかについては、そこまでネグリの議論を字義通りに受け取らなくてはいけないこともないかもしれないが、ベーシック・インカムそのものが必要に応じる、というのは、ベーシック・インカムが今日扱ったような運動の中からでてきたという側面を踏まえた場合、そうそう捨てられないのではないかと思う。

1970年代のイギリスやイタリア、アメリカの運動で、この問題がどのように扱われていたかは一言では言えない。アメリカの場合であれば、障害者たちは「救済に値するもの」として、福祉権運動に結集した人たちより上位にいたと考えられていた（実際はともかく）。イギリスの要求者組合は、障害者の仲間もいたが、運動の中心だったわけではない。一方で必要が人それぞれ違うということは要求のなかででてくるが、他方で漠然と必要の平等を仮定していたようなところもある。こうした要求を素直に読むと、もっとも必要を満たすためにお金がかかる者の必要額にあわせて、ベーシック・インカムの額が決まるという考え方もあるだろう。イタリアのアウトノミアの議論にもそうした方向性に読める内容もある。

ところで、必要に応じてベーシック・インカムの額が変わるとして、だからといってケースワーカーに恣意的な裁定者になってもらわなくてよいだろう。当事者たちの合議にそれを任せればよいのである。たとえば自立生活センターのような場で、障害者の必要が議論されるというのはどうだろうか。もちろんベーシック・インカムはあくまで一律で設定し、それで満たされない必要については別立てで、という考え方もあろう。これはベーシック・インカムという言葉をどう定義するかという問題に過ぎない。この場合でも、その別立ての仕組みでは、必要を決めるのがケースワーカーなり国であってはならない。

いずれにしてもアウトノミアなどの運動と青い芝の同時代性と共通の質に着目した上で、それぞれの特異性からでてきた大事な主張を、相互に共有することで運動の経験を豊富化していくという方向こそ、今の時点で数十年前の運動を振り返ることを意義あるものとする方向だろう。そうであるなら、障害者の必要を満たすものでなくては、あるいは所得の面で健常者と比較して障害者を不当に罰するようなベーシック・インカム（あるいはベーシック・インカムをその一部とする社会政策）なら、それを主張する意味はない。

間奏「全ての人に本当の自由を」
——哲学者たちのベーシック・インカム

これまで第2、第3章で見てきた、運動と、運動の中から紡ぎだされた理論は、「労働」概念のラディカルな捉え直しの先に、ベーシック・インカムを構想するというものであった。

現状では、女性が家で子どもの面倒を見てもそれは、労働ではない。他方で外に働きに出て、他人の家で子どもの世話をすればそれは労働となる。しかしそれは女性が無給で家でやっていることと類似しているために、支払われる賃金は相対的に低い。賃金の支払いという事実が、第一に労働と非労働を事実上分け、かつ、第二に労働内にヒエラルキーを作っているという現実を同時に捉え直し、新しい「労働」概念を提唱する。

一方、そこで労働と捉えられる個々の行為のカタログは、これまで労働だと見做されていなかった事柄を含んでいる点で新しいが、他方、価値を生み出している行為が労働なのだということは、労働が価値を生むという労働価値説に立っている。私的所有を正当化し資本主義を基礎づけてきた議論はジョン・ロック以来の労働価値説に支えられてきたのだから、この点で資本主義の論理に内在したいわば正統派の立場と、ネグリたちの立場はどこかで通底しているということもできる。捉え直した新しい意味であれ、労働に中心的な価値を置いていることには変わりはない、ともいえるわけだ。

第2章で登場した女性たちや第3章で登場した理論家たちと同じく、資本主義のもとでの賃金労働を強制する論理に疑問を呈しながらも、まったく別の方向性に思考を巡らせた人々がいる。労働を定義し直すのではなく、むしろ労働が社会のなかで持つ意味を限定させるという方向性である。こうした議論のなかからもベーシック・インカムを正当化する営みがでてくる。

民主主義とベーシック・インカム

もとよりヨーロッパの哲学・思想の伝統において、労働は中心的な価値をもつものではなかった。近代ヨーロッパの政治思想家たちが理想化した、古代ギリシャ・アテネの民主主義は、労働から解放された「市民」によって担われていた。民主主義的な市民として振舞うには、生活上の利害や必要から解放されていなくてはならない、ともしばしば考えられた。たとえば『人間の条件』などの著作で有名な哲学者のハンナ・アーレントは、社会的なものが政治の領域で議論されるようになったことを否定的に捉えている。

日々の必要への配慮から自由になることによって、初めて公的な政治にまともに取り組むことができるという発想は、歴史的には普通選挙に反対し、資産家による制限選挙を正当化してきたこともあった。しかし普通選挙を譲れない前提とすれば、逆に、民主主義が十全に機能しうるためには、市民権としてベーシック・インカムが支給されるべきであるという議論が成立する。たとえばフェミニストの政治思想家キャロル・ペイトマンは、そうした論理に一部立脚しながら、ベーシック・インカムを擁護している。

ラッセルのベーシック・インカムと労働倫理批判

イギリスの哲学者バートランド・ラッセルは、20世紀イギリス哲学を代表する哲学者の一人だが、ベーシック・インカムを提唱していたことは今日ではほとんど忘れ去られてしまっている。彼は第一次世界大戦時に反戦を唱え、そのため1916年にはケンブリッジ大学の職を追われてしまう。その2年後、1918年に『自由への道』を世に問う。このなかの「仕事と報酬」と題した章のなかで、以下のように、ベーシック・インカムを提唱している。

生活必要品には十分なる、一定の少収入は、働くと働かないとに拘らず、何人にも与えられるが、生産されたる財貨の全額から供給した必要品を除いた結果は、社会が有益であると認めたる、何かの仕事に甘んじて従事する人々に、分配されなくてはならない。

この引用の前半部分がベーシック・インカムの提唱であることは容易に見てとれるだろう。どのような論理でラッセルはこの提案を行ったのだろうか。彼はまず「若し個人が、仮令《たとえ》働かなくとも、一般の生活標準が保障されているとしたら、必要な仕事が行われるだろうか」という問いを立てる。この問いに対してラッセルは「若し仕事が、現在の儘で残っていたならば、無論、赤貧という恐怖以外には、人々に其を実行させることは困難だろう」としつつ、以下のように論を進める。「仕事を厭わしいものにするのは、長い時間である」として、一日の労働時間を4時間に短縮することを提唱する。ラッセルによれば「毎日4時間の有益なる仕事は中位に差支なく暮らして行く中等階級の家庭に、快楽を供給して猶余りある」。

さらに労働の組織化が、「資本家が支配する此大なる経済組織」から「生産者が凡ゆる方法、条件、労働時間其他を決定する」「自治的社会」へと変換されるならば、「世界の必要なる仕事の大部分は、働くと働かざるとに拘らず、純粋なる生活を保障されている人でも、結局其等の仕事は頗る愉快になって、怠けているよりは、働くことになりうる」だろうとラッセルは結論づける。

そして、こうしたベーシック・インカムのある社会においてこそ、科学や芸術が発達すると考えた。

同書においてラッセルは、アナーキズム（無政府主義）や社会主義について考察し、ベーシック・インカム＋有益な仕事に従事した人々への分配という仕組みが、「純然たる無政府主義」や「純粋の正統派社会主義」よりも「遥かに成功の機会が多い」ものとして提起されている。ここで展開された4時間労働論の部分は、１９３２年の著作『怠惰への讃歌』で、再度詳論されることになる。こちらでは資本家の唱える勤労倫理への批判が正面から語られている。仕事はある程度は「私たちの生存に必要」であるが、「決して人生の目的の中には入らない」。にもかかわらず、仕事が人生の目的のように私たちが感じているとすれば、それは私たちが欺かれているからである。


このことで、私たちが欺かれている……一つの原因は、貧乏人に不満を起こさせないという必要であって、そのため金持は、数千年間、労働の尊厳を説くようになったが、そういいながら、金持自身は、この労働の点で、尊厳にあずからない様子でとどまっていようと気を配ってきた。

このラッセルの労働倫理への醒めたまなざしと、非労働時間を全ての人に保障することが、人々の創造性を増すという考え方を、現代においてよく継承しているのが、次にみるヴァン＝パレイスの議論である。

ヴァン＝パレイスの「真の自由」論

フィリップ・ヴァン＝パレイスは、ベルギーの政治哲学者であり、第6章で紹介するベーシック・インカム世界ネットワークの中心的人物の一人である。彼は1980年代から現在にいたるまで精力的にベーシック・インカムを主張し続けてきた。その主張は、おもにマルクス主義の語彙に基づいて議論していた初期のものと、英語圏の分析的政治哲学におけるリベラリズムの語彙による議論を中心に据えた後期のものとに分けて整理することができる。

1980年代、ヴァン＝パレイスは「9月グループ」と呼ばれるマルクス主義知識人たちのサークルの中心的メンバーの一人だった。1983年にその会合で、ロバート・ファン＝デル＝フェンと共同で発表したベーシック・インカムの提案は、1986年に論文として出版されるが、そのタイトルは「共産主義への資本主義的道」と題されていた。彼らはマルクスの『ゴーダ綱領批判』での有名な共産主義における分配の定式化から出発する。すなわち、共産主義の第一段階では「各人にはその労働に応じて」分配されるが、その後に立ち現れる共産主義のより高度な段階では「各人にはその必要に応じて」分配される。この共産主義の第一段階を社会主義とすれば、それは、目指すべきより高度な共産主義社会へ至るために必要な段階である。

しかし、資本主義の下でベーシック・インカムが導入されれば、おおよそ各人の必要は満たされるから、社会主義を経ずして共産主義に至ることができるというのである。

以上は初期の議論であるが、1990年代に入るとヴァン＝パレイスは、左翼が思想的に復活するには、ネオリベラル思想に拠るしかないと見切る。1995年に出版した『全ての人に本当の自由を』と題された著作の中で彼は自らの立場を「真のリバタリアニズム」と位置づける。リバタリアニズムとは個人の自由の不可侵性を主張する立場で、自由至上主義ないし自由尊重主義と訳されることもある。通常は、この立場で尊重される自由は、いわゆる「消極的自由」ないし「形式的自由」であって、国家介入を否定ないし縮減していく方向を取る。ここで消極的自由とは、なんらかの障壁「からの」自由として考えられ、何かを行うこと「への」自由としての積極的自由と区別される。

これに対して、ヴァン＝パレイスは、「消極的自由」と「積極的自由」との区別を、前者が私的領域での自立の平和的享受を意味し、後者が集合的権力への能動的な参加を意味する限りで認め、「消極的自由」の立場に立つ。しかしながらその区別をたった今述べたような「何かからの自由」と「何かへの自由」、という形で考えることには疑問を呈する。

なぜならあらゆる自由が、干渉や禁止などの何らかの障壁から自由となる側面と、そのことによって何かを行うことへの自由を持つ側面との両方から成り立っているからである。例えば犯罪「からの」自由は同時に夜街路を歩くこと「への」自由でもある。こうして彼は「消極的自由」を「形式的自由」から拡張し、生きていくための様々な機会の保障などを含む「実質的自由」＝「真の自由」として、消極的自由を解釈しなおす。そして真のリバタリアンにとっての自由な社会とは、この実質的自由が保障される社会である。それは、まず形式的自由が全ての人に保障された上で、社会のなかの最も機会を持たない人の機会が可能な限り最大化され、ついで二番目に機会を持たない人の機会が可能な限り最大化され……という形で、機会が保障されていく社会であるとされる。

1990年代以降のヴァン＝パレイスは、こうした立場から、ベーシック・インカムを積極的に擁護する作業を継続している。彼流に定義しなおされた自由の保障という観点からベーシック・インカムが正当化される。また現実の福祉国家は、こうした自由を全ての人に保障することに失敗していることから批判されると同時に、そこで一部の人に所得を保障している場合にも、それが条件付であること、すなわちある特定の行為（例えば賃労働）へ人々を強制ないし誘導する働きを持っていることから、批判される。

この最後の点は、消極的自由概念を通常の解釈から拡張する一方で、いわゆる積極的自由へはヴァン＝パレイスがたどり着かないことと関連している。その理由は、それがしばしば含む社会が善しとする事柄への関与を意味する「古代人の自由」的な意味への拒否感があるからに他ならない。特定の善の構想なり、市民的徳などに制度が肩入れすることは正当化されえないと考えるのである。これはリバタリアニズム特有の思考法ではなく、ジョン・ロールズを始めとする多くの現代のリベラリストにも共通する思考法であり、通常リベラリズムの中立性と呼ばれる。そしてベーシック・インカムは現行の福祉国家に比べて、中立的であるというのである。ヴァン＝パレイスは以下のような説明をする。

ベーシック・インカム構想に対してしばしば向けられる批判として、それが働かない者に対して甘く、働く者に対して不当に厳しい制度であるというものがある。これへおおよそ以下のような論理で応答する。

ベーシック・インカムが保障されているもとでは、生存のために労働を強いられるということはないはずであるから、より多く働く者は、自分の意思でそうしているのであり、単純化のために、金銭に相対的に強い価値を置いていると考えることができよう。他方、より少なく働く者は、単純化すると、時間に相対的に強い価値を置いていると考えることができよう（本人はもっと働きたいにもかかわらず、意思に反して少ししか働けない場合もあるはずではあるが、すでに前述のような批判においては、まるで少なく働くこと、あるいは全く働かないことが常に自発的意思によるものであるかのように解釈されているから、とりあえずその立場を踏襲しておくとしよう）。

後者を「怠け者 lazy」と呼ぶことがもし許されるのであれば、前者を「クレージー crazy」と呼ぶことが許されるだろうか、とヴァン＝パレイスは論を進める。ベーシック・インカム制度のもとでは、レージーな生き方も、クレージーな生き方も、あるいはそれほど両極端ではない「どっちつかず hazy」の生き方も、自由に選択することができる。図示すれば図表A（148ページ）左のようになる。ところが労働可能なものが飢餓への恐怖なしに賃金労働に従事しないことを認めない現行の福祉国家のもとでは、図表A右のようになり、

図表Ａ　リベラリズムの時間・労働選好への中立性

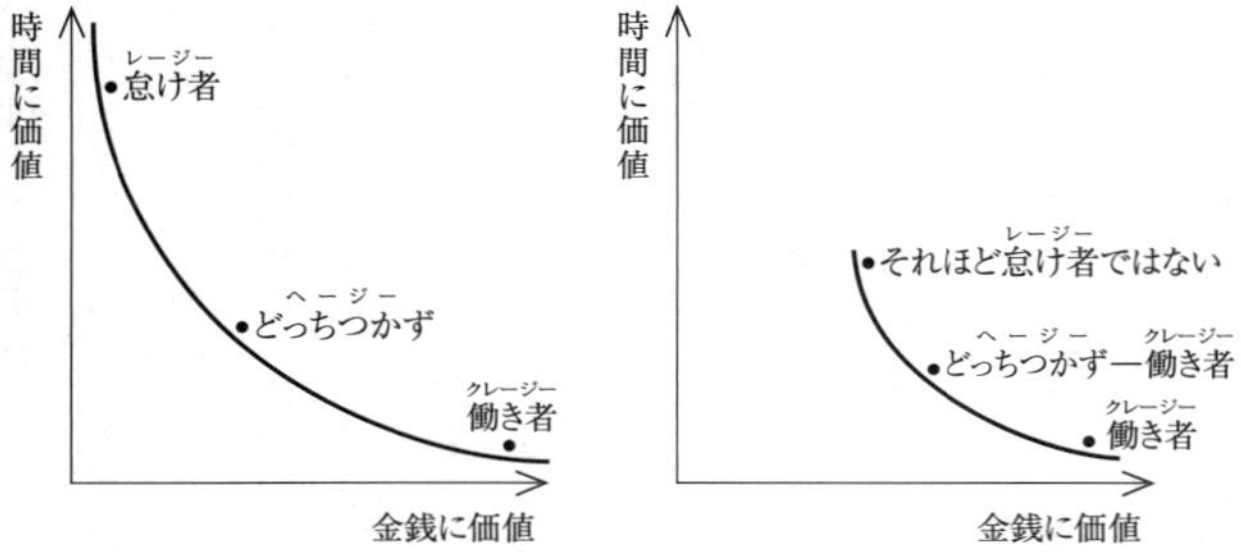

（出所）Fitzpatrick（1999）

クレージーな生き方を強制されることとなる。

＊　＊　＊

以上見てきたように、労働概念を拡張するのではなく、労働の社会の中で持つ意味を限定しようとする方向性でベーシック・インカムを主張する哲学者たちがいる。じつは歴史的にみると、労働とは切り離されたところにベーシック・インカムの根拠を求める議論が連綿と続いてきた。次章では、こうした議論を見ていくことにしよう。

第4章　土地や過去の遺産は誰のものか?

――歴史のなかのベーシック・インカム

ある考え方が、ラディカルに、あるいは極端なものに聞こえるか、それとも常識として響くかは、聞き手の立場にもよる。読者がどういう立場に立っているかは別にして、ベーシック・インカムや、それに近い発想がかなり古くからあったことを歴史は教えてくれる。市場社会が出現し、経済学が形作られ始めた頃からベーシック・インカムは構想されてきた。このことは、ベーシック・インカムが少数の学者のとっぴな思い付きではなく、人間の直感に根ざした考え方であることを教えてくれているのではないか。

前章ではマルチチュードの要求としてベーシック・インカムを構想する現代思想を紹介したが、約200年前には、自らを「野蛮なマルチチュード」と呼ぶ者たちによって、生まれながらの権利としてベーシック・インカムを要求する声が上がった。

以下、第1節では、この18世紀末の議論を紹介する。第2節ではその背景と従来の解釈を検討し、この時期にベーシック・インカム構想ができてきたことの意味について考える。第3節では、19世紀中葉のベーシック・インカムをめぐるエピソードを紹介する。第4節では20世紀前半から半ばにかけてのベーシック・インカムをめぐる思想と運動とを概観し、同時代にそれらの動きが日本にも紹介されていたことを押さえておこう。第5節では、第4節で紹介した動きとの関連のなかで、ケインズら戦後福祉国家の理念を形作った経済学者らのベーシック・インカム的発想との関わりに着目する。今日の議論の多くが、本章でみていく歴史的議論で先取りされていることを見て取ることができるだろう。

4-1 「野蛮なマルチチュード」の自然権

トマス・ペインの思想

ベーシック・インカム構想の出現は、18世紀末と言われている。フランス革命やアメリカ独立戦争にも参加したイングランドの思想家トマス・ペインの『人間の権利』という本を読むと、現在でいう年金や生活保護にあたる話がでてくる。そしてそれは「慈善の性質をもつものでなく、権利に属するものである」という。

同じくペインによって1796年冬に書かれた『土地配分の正義』というパンフレットのなかでは、人間は21歳になったら15ポンドを、成人として生きていく元手として国から給付

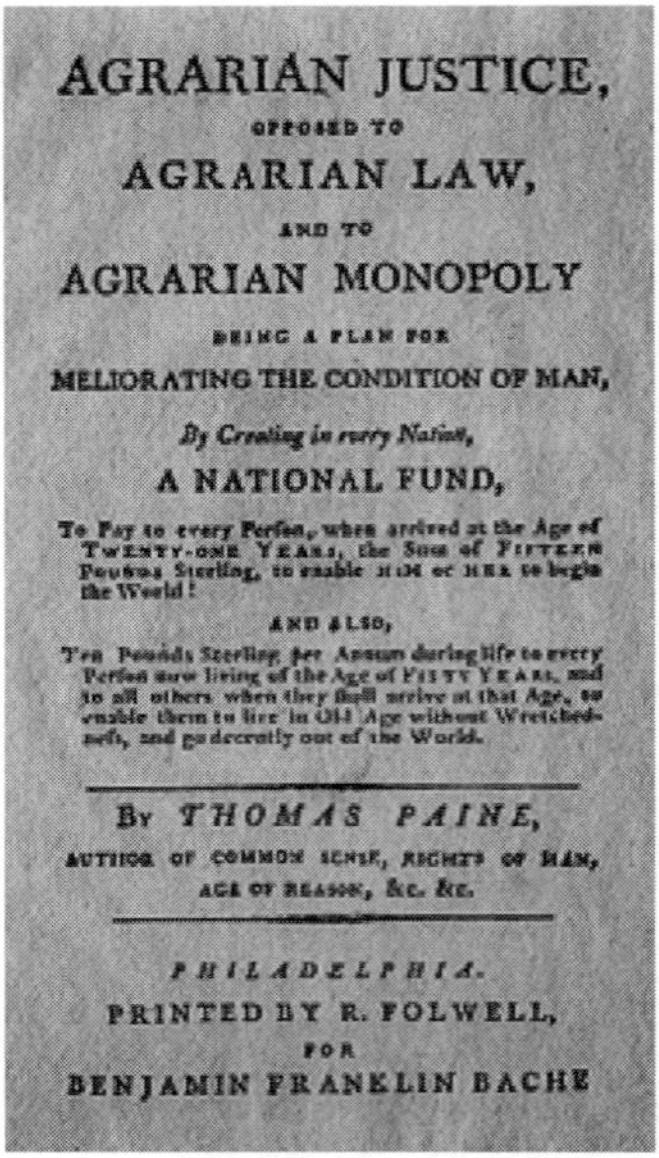
AGRARIAN JUSTICE,
OPPOSED TO
AGRARIAN LAW,
AND TO
AGRARIAN MONOPOLY
BEING A PLAN FOR
MELIORATING THE CONDITION OF MAN,
By Creating in every Nation,
A NATIONAL FUND,
To Pay to every Person, when arrived at the Age of TWENTY-ONE YEARS, the Sum of FIFTEEN POUNDS Sterling, to enable HIM or HER to begin the World!
AND ALSO,
Ten Pounds Sterling per Annum during life to every Person now living of the Age of FIFTY YEARS, and to all others when they shall arrive at that Age, to enable them to live in Old Age without Wretchedness, and go decently out of the World.
By *THOMAS PAINE*,
AUTHOR OF COMMON SENSE, RIGHTS OF MAN, AGE OF REASON, &c. &c.
PHILADELPHIA.
PRINTED BY R. FOLWELL,
FOR
BENJAMIN FRANKLIN BACHE

（写真14）アメリカの社会保障庁のホームページに掲げられた『土地配分の正義』表紙

されるべきと提唱されている。そして50歳になったら今度は年金を年10ポンド出す。このペインの構想は、21歳のときに渡される15ポンドのみで30年間生きていけると想定されているのではなく、その15ポンドを元手に事業をしたりして、ということだ（写真14）。

こうした考え方をベーシック・インカムとは分けて、ベーシック・キャピタルと呼ぶ場合もある。だが額の問題を度外視していえば、一括払いか、定期的に支払うかの違いに過ぎず、どちらも広い意味でベーシック・インカムといっても良いかもしれない。

思想史的に見れば、こうした考え方は自然権思想の中から生まれた。みな生まれたからには土地にアクセスする権利をもっているはずで、少なくとも文明化以前の社会ではあらゆる土地は人類の共有財産だった。ところが私有が始まり、土地が分割されそこへアクセスできない人間が出てくる。

「だから貧困はいわゆる文明生活によって作り出された」とペインはいう。それは不正義なものだが、だからといって時計の針を戻すわけにはいかないので、補償として土地をもっている人間に地代として税金をかけ（具体的には相続税の形をとる）、その税金を皆が食える分の糧にあてようというのがペインの理屈である。これは現在の私たちの直感にも訴えるところがあるのではないだろうか。

いま、どれだけの人が労働価値説を信じているのか分からないが、私有を正当化する人間は「これは自分が稼いだものだ」と言う。しかし、例えば六本木ヒルズが建っている土地自体は昔からあり、所有者が作ったものではない。そこの部分は誰もが正当に分け前を要求できるはずではないのか？

トマス・スペンスの案

ベーシック・キャピタルではなくて、狭義のベーシック・インカムの提案は、ペインと同時代にトマス・スペンスが提唱している。１７９２年ごろから提唱されていたようだが、ここでは１７９７年に出版された『幼児の権利』に沿って見ておこう。

題名からも明らかなように、このパンフレットはペインの『人間の権利』への批判として書かれた。出版される前にペインの『土地配分の正義』が出たので、それへの批判を序文と補遺として加えている。土地は教区と呼ばれるイングランドの地域共同体の単位ごとに共有とされ、土地を居住・農耕などのために占有する場合には、地代を教区へ払う。この地代が唯一の税金である。ここから公務員の給料など共同体の必要経費が支出される。そしてその後に残る剰余は、「男だろうと女だろうと、結婚していようが独身だろうが、嫡出でも非嫡出子でも、生後1日でもひどく年老いていても」、年4回、成員間に平等に分配されなくてはならないという。ベーシック・キャピタルではなくて定期的支払いという形でのベーシック・インカム案としては、これが今のところ遡れる最古の提案ということになる。

スペンスのこのベーシック・インカム案は、「スペンソニア」とも「スペンスの計画」とも呼ばれる包括的な社会改革案の一部である。土地が地域共同体ごとに共有されるという点が後世一番の注目を集めてきた点であり、後の土地国有化運動の先駆者の一人と位置づけられている。スペンスは英語圏でも日本でもペインほどは知られていないので、ここでやや詳しく紹介しておこう。

スペンスは1750年、イングランド北東の街ニューカッスル・アポン・タインで、スコットランド人の両親の元に生まれた。鍛冶屋で事務員として働いた後、自ら学校を作り、そこや別の学校で教えて生計を立てた。1771年にニューカッスル当局が共有地の囲い込みを行い、それが訴訟に発展する中で土地所有問題に関心をもつようになった。1775年にはニューカッスル哲学協会にて、土地の共有について講演を行っている。ベーシック・インカムの部分を除いて、基本的には『幼児の権利』と同様の主張がすでにこの講演で主張されている。その後、街頭でパンフレットを売ったりしたため哲学協会から除名される。そうした経緯もあって1792年から拠点をロンドンに移すが、スペンス自身の社会改革案についてのパンフレットや、当時発禁処分を受けていたペインの『人間の権利』を売った罪で逮捕されている。

1793年から1795年にかけて『豚の食物――あるいは野蛮なマルチチュードのためのレッスン』という雑誌を発行する。野蛮なマルチチュードとは、エドマンド・バークが『フランス革命についての省察』において民衆をさげすんで呼んだ言葉である（＊1）。その

＊1　「野蛮な」と訳したSwinishには「豚のような」という意味がある。『フランス革命についての省察』の邦訳ではswinish multitudeは「豚のような大衆」と訳されている。

ようなバークによる蔑みにたいして、風刺で応えているのが題名から見て取れよう。

スペンスはこの雑誌や自らの主張の宣伝のために、様々なコインを作った。豚の絵をあしらったもの、自身が国家に不当に収監されたことを逆に誇るもの、自らを「三人のトマス」としてトマス・モアやペインと並べたもの、などである。現在でもコイン収集家の間では名を知られているようである。また民衆が文字にアクセスしやすくするために、実際の発音に忠実な独自のアルファベットを考案したことでも知られる。

ロンドンに出て最初のうちは店を構えたりしたものの、度重なる逮捕などもあって、屋台でパンフを売るなどしながらの困窮生活は１８１４年に亡くなるまで続いたという。

４‐２　市場経済の成立とベーシック・インカム構想出現の同時性

アメリカ独立戦争・フランス革命・イギリス急進主義運動

トマス・ペインの『人間の権利』は１７９２年にイングランドでは発禁とされ、彼自身も逮捕間際にかろうじてフランスへ脱出するが、欠席裁判で有罪とされ、二度とイングランドに戻ることはなかった。トマス・スペンスも前述のように１７９２年に逮捕され、以後もたびたび逮捕される。1794年には裁判抜きで7ヵ月投獄され、1801年には今度は裁判の後1年にわたって獄中生活を送る。こうした弾圧の背景には何があったのだろうか？　18世紀末とはいかなる時代だったのか？

トマス・ペインの名は、通常ベーシック・インカムなどの福祉構想よりも、アメリカ独立戦争やフランス革命と結び付けられて記憶されている。『コモン・センス』（1776）は、アメリカ独立戦争（1775‐1783）のさなかでアメリカ植民者たちの世論を独立へと奮い立たせるために同地で書かれ、出版の目的の一つは、その売上金をジョージ・ワシントン（後の初代大統領）の革命軍用の手袋の調達にあてるためだったといわれている。同様に、『人間の権利』（1791‐1792）はフランス革命を批判するバークへ反論するために書かれた。ペイン自身1792年、フランスの国民公会議員として選出され、新憲法草案を作成する委員会に、シェイエス、ダントン、コンドルセらと共に加わっている（なお、ペインはロベスピエール独裁下で逮捕・投獄される）。

フランス革命の伝播を恐れたイギリスの支配層によって、民主化を求める急進主義的運動は徹底的に弾圧されたが、前述のようなペインやスペンスへの迫害もそうした文脈のなかで起こった。1794年には人身保護法が停止され（スペンスはそのため裁判抜きで7ヵ月勾留された）、翌1795年には著作や集会によって政府を侮辱することを禁止し、また50人以上の許可なし集会も禁止する「弾圧二法」が導入される。また急進主義者たちの団体にはスパイが送り込まれる。

こうした弾圧の成果あってということか、フランス革命のように市民（ブルジョワ）階級と貧民階級が手を結んで革命を起こすということはイングランドでもスコットランドでも起こらなかった。急進主義者たちの運動はこうした弾圧を生き延びる中で地下に潜る形となる。抵抗の一つの手段は、街頭へのチョーク書きのグラフィティだったが、そこにはしばしば「スペンスの計画」と書かれたという。当局は事実かでっち上げかはともかく、たびたび「陰謀」を検挙するが、逮捕者はしばしば「スペンス主義者」とのレッテルを貼られた。

スペンス主義者とは、19世紀初頭においてイギリスのジャコバン主義者（＝革命をめざす急進派）を指す言葉となっていく。だが、以上のような記述は体制側の対応・弾圧がフランス革命の恐怖のなかでなされたということの記述であって、ペインやスペンスの「権利としての福祉」提案が、フランス革命の産物だということを言いたいわけではない。ペインの提案は1770年代の「ペンシルバニア・マガジン」への寄稿に既に現れているし、スペンスの改革案の概要は、1775年の彼のニューカッスルでの講演に既に現れている。

貧民たちの暴動・蜂起は18世紀末から19世紀にかけて散発的に続いた。こうした蜂起の主体こそ、バークが「豚のような大衆＝野蛮なマルチチュード」と蔑視し、スペンスらが呼びかけた民衆に他ならない。Ｅ・Ｐ・トムスンの『イングランド労働者階級の形成』という、階級意識についての古典的な歴史書が１７９０年前後から記述を始めているのは、示唆的である。ペインの『人間の権利』は発禁にもかかわらず、発行後１～２年の間にまたたくまに広まったといわれている。また、知識人だけではなく、鉱夫や職人、水兵らに読まれていたといわれている。イギリスにおいてペインがこのように多くの人たちに読まれたのは、ペイン自身の意図がどうであれ、『人間の権利』第二部第五章（前述の権利としての生活保護や年金の記述がある箇所）や『土地分配の正義』などの福祉に関わる提案が、議会改革などの政治的要求を、貧民の経済的困難からの脱出の希求に結びつけたからに他ならない。

モラル・エコノミーとスピーナムランド制

こうした貧民たちの暴動や蜂起を律していた規範を、トムスンはモラル・エコノミーとして捉える。中世以来のモラル・エコノミーにおいては、パンなどの生活必需品の値段は「公正価格」あるいは「民衆価格」と言われるものから乖離すべきではないし、不作の年などの投機・買占めによって価格が高騰した場合には、生存のために貧民には抵抗する権利があると考えられたという。

トムスンによれば1790年代前後のイングランドの暴動・蜂起はこうした規範にそって行われており、買占め業者を襲った場合でも、穀物を「民衆価格」で分配し、売上金を業者に渡していたという。彼は18世紀末をこうしたモラル・エコノミーからポリティカル・エコノミーへの転換期として捉えている。

ポリティカル・エコノミーとは、アダム・スミスに代表される勃興期の経済学を指す。たしかにアダム・スミスには「神の見えざる手」が市場を支配するという、レッセ・フェール（自由放任主義）の教義があり、資本主義の勃興期に、民衆知としてのモラル・エコノミーが専門知としてのポリティカル・エコノミーへ、社会規範としての地位を譲り渡していくというトムスンの描く絵には一定の説得力がある。

さきにスペンスがベーシック・インカムを含む社会改革案を考えだしたきっかけとなったのが「囲い込み」の問題だったと述べたが、18世紀末から19世紀初頭にかけては囲い込みが盛んに行われ、その結果、多くの貧民がそれまでの開放耕地や共同放牧地へのアクセスを失ってしまう（＊2）。さらに1795年は飢饉の年であり、「主婦一揆」とも呼ばれる食糧暴動が各地で頻発した。

こうした状況下で、スピーナムランド制といわれる制度がイングランドのいくつかの地方で導入される。これは農業労働者に対して、食料品（パン）の価格と家族の人数に応じて生活維持に足りない分の所得を保証しようというものである。スピーナムランド制という呼び方は、同年5月にバークシャー・スピーナムランドでの決議に由来する。

この決議が出された地域支配層による会合は、もともと物価高騰に賃金が見合わない状況への対応として賃金裁定を行うことが議題であったが、結果的に、賃金裁定を行うのではなく、賃金補助という形に落ち着く。賃金補助自体は地域によってはこの決議以前から存在していた。つまり、この決議の新しさは最低生活費を保証するという点にある。対象者の普遍性などから、研究者によってはこの制度をベーシック・インカムの萌芽と見る向きもある。

さて、このスピーナムランド制は、モラル・エコノミーからポリティカル・エコノミーへ

＊2　廣重（1985）。廣重の一連の論考（1985、1989a、1989b）は日本語で読めるスピーナムランド制の優れた研究である。同制度についての本書での記述は、これら及びThompson（1980）に依拠している。

というトムスンの図式に従えば、モラル・エコノミー側の最後の抵抗ということになろう。ただ、ここではそうした視点とは異なる見方も可能であることを提示しておきたい。「公正価格」などのモラル・エコノミーは、民衆知であったばかりではなく、トマス・アキナスなど中世神学者たちの専門知でもあった。

また市場への介入を否定したスミスだけが新しい専門知＝ポリティカル・エコノミーであったのではない。経済学のもう一人の父といってもよいジェイムズ・スチュアートは救貧政策の必要性を説いていた。さらに言えば、スミスの市場への信認には、「スミスの但し書き」とでもいうべき留保があった。すなわち商業社会は、貧民の必要を満たす限りにおいて正当化されるというものである。また、ペインの言説を専門知から除外するのにも無理があるだろう。

これらから言えることは、「民衆価格」などのモラル・エコノミーから「自由放任」のポリティカル・エコノミーへという図式では捉えられない何かが、この時期起こったということである。すなわち「権利としての福祉」という概念の誕生である。ペインやスペンスの議論、そしてスピーナムランド制はこのことを裏書きしているのではないだろうか。そして「権利としての福祉」案が、ベーシック・インカムないしそれに近い形をとったということは記憶しておいて良い。

４‐３　フーリエ主義とJ・S・ミル

シャルリエの「大地からの配当」

自然権としてのベーシック・インカムという考え方は、その後も断続的に現れる。１８４８年の「諸国民の春」と呼ばれる、ヨーロッパ各地で起こった革命への動きのなかでも、ベルギーの社会主義者たちによる革命憲法草案にベーシック・インカムが書き込まれたりもした。その背景にはどのような思想が紡がれていたのだろうか。

ベルギーのブリュッセルで法律家や会計士をしていたジョゼフ・シャルリエ（＊３）は、

＊３　Joseph Charlier（1816-1896）。シャルリエについてはGuido Erreygers氏のご教示によるところが大きい。なおシャルリエが影響を受けたフーリエは、19世紀前半に活躍したフランスの思想家で、ファランジュと呼ばれる農業共同体の建設を唱えた。

フランスの思想家シャルル・フーリエの影響を強く受けた著述家でもあった。その彼が１８４８年に出版した『自然法に基づき理性の説明によって先導される、社会問題の解決または人道主義的政体』において、ベーシック・インカムが唱えられている。

彼はペインやスペンスと同じように、自然権として人は生きる権利をもっているという前提から出発し、人類の共通財産である土地が私有化されていることを問題視する。そして解決策として、地代を社会化しそれを財源として、「保証された最低限」を全ての人に給付することが提唱される。これがベーシック・インカムに他ならないが、後の著作で彼は「大地からの配当」とも呼んでいる。「土地は誰のものでもないが、果実は全ての人のもの」というわけだ。

以上は第1節でみたペインやスペンスの主張とほぼ重なり合う。新しいのは、ベーシック・インカムのもとで労働のあり方がどのように変容するのかについての考察がされていることである。ペインやスペンスの18世紀末からシャルリエの19世紀半ばの間の半世紀に、賃金労働という形態が広がっていく。人々を賃金労働に駆り立てるために、第2節で触れたスピーナムランド制のような制度は排斥され、賃金労働以外で生計を立てる手段を奪っていく。

例えばイギリスでは、経済学者マルサスらの議論の影響のもと、１８３４年に救貧法が改正される。そこでは救済を受けるためには、懲罰的なワークハウスへ収容されなくてはならず、生活の場での救済は否定される（院外救済の禁止）。またそこでの救済の水準は、救済を受けない労働者の生活水準より低くなくてはならないとする劣等処遇の原則のもとにあったというのは第１章第２節で見たとおりである。こうした社会状況のもとでベーシック・インカム論は、支配的な価値観における労働観に対して、別の労働観を対置することとなる。

まず第一に、支配的な労働観は、イギリスの救貧法改正にみられるように、「飢餓への恐怖」でもって初めて人々は労働に従事するというものである。これに対してシャルリエは、現状でも基本的な必要の充足が保証されている人々の労働の方が、そうでない人々の労働よりも優れているという事例を出して反論する。そのエッセンスは同時代のイギリスの経済学者の紹介の翻訳を通じて、日本語になっているからそれをすぐ後で見ることにしよう。

第二に、ベーシック・インカムが導入されれば、危険であったり汚れたりする仕事は誰もしなくなってしまうのではないか、という問いがある。確かに労働条件が劣悪なままであればそうだろう。支配的な労働観に立つ人々は、このことを人々は「飢餓への恐怖」なしには働かないという彼らの人間観の根拠の一つとするが、シャルリエは別様に考える。

炭鉱労働者、石切工、煙突掃除人、ごみ運搬人などの危険ないし汚れる仕事は、たしかにベーシック・インカムによって彼らが飢餓から自由になれば、現状の労働条件ではあえてそれらの仕事をしないだろう。しかし危険や汚れることを補償するだけの高い賃金を払えば、働き続ける人はいるだろうという。こうした高報酬こそ、例えば私たちを火事の危険から守ってくれる煙突掃除人に対して社会が正しく尊敬を払うあり方であり、そうした人々が困窮の淵にいるベーシック・インカムなき社会はおかしい、とシャルリエは考える。

ミル『経済学原理』とベーシック・インカム

こうしたフーリエ主義者たちの主張は、それについてのジョン・スチュアート・ミルの『経済学原理』第二版での言及の翻訳という形をとって、日本にもかなり前から紹介されている。ミルの指摘は昨今のベーシック・インカム論議を先取りするかのような興味深いものなので抜粋しよう。

> 生産物の分配の際には、まず第一に、労働のできる人にもできない人にも、ともに一定の最小限度の生活資料だけはこれを割り当てる。……この主義は、共産主義とは違って、少なくとも理論上においては、現在の社会状態にそなわっている努力への動機をば、

ただのひとつも取り去るものではない。それどころではない。もしこの制度が考案者の予期したとおりに働いたとすれば、その場合、これらの動機は現今よりもむしろ強くなるであろう。なぜかといえば、人が肉体的または精神的な労働の熟練あるいはエネルギーを増したときに、自分はその成果を得ることができると期待しうるのは、現今の社会においてはただもっとも有利な地位にある人か僥倖の人のみであるが、各人は、このような社会以上に確実に、その成果を獲得しうるからである。……［フーリエ主義者が強調するのは］およそ人間が糊口のためになす労働と、生活の資をすでに十分にもっている人が楽しみのためになす労働とを比べてみると、前者がいかに激しいものであっても、後者の強度にまさることはまずないということ、である。

（ミル『経済学原理』第二版、１８４９年）

引用冒頭の一文が、ベーシック・インカムである。ベーシック・インカムが労働を阻害するのではなく、かえって労働を促進するという主張は第５章で触れる議論とも重なり合う。また糊口をしのぐための労働と楽しみのための労働を対比し、後者の生産性の高さを主張している点も、後のベーシック・インカム論者の労働論を先取りしたものとなっている。

ミルについては日本では経済思想史や政治哲学、倫理学などさまざまな領域で優れた研究の蓄積があるが、残念ながらミルのこのベーシック・インカムへの言及はほとんど検討されてこなかった。その理由はさておき、１５０年前の経済学の古典にすでにベーシック・インカムについての記述が載っていたことは強調されて良いだろう。

４-４　ギルド社会主義と社会クレジット運動

さて、20世紀に入ってベーシック・インカムへの要求が大きな流れとなって現れるのが、第一次大戦後である。ギルド社会主義といわれる運動の中から、ベーシック・インカムを含む社会改革案を掲げた社会クレジット運動が出てくる。それは当時の経済学への批判を含むものであったが、これらの批判に向き合う中から、ケインズの有名な「一般理論」が生まれてくることになる。

ギルド社会主義

19世紀から20世紀初頭にかけて、社会主義は大きな影響力をもつ思想として立ち現れてくる。しかしそこには進展する産業化に対して相反する二つの評価があり、図式的に言えばそれぞれの評価に応じて違った運動が生まれてくる。

一つは産業化の進展のなかに、革命の潜勢力を見出していく立場。基本的には産業化を肯定的に捉えることとなる。フランスのサンシモン主義者、イギリスのフェビアン協会、ロシアのレーニンたちがそうである。レーニンたちによる革命後ロシアのスローガンの一つが「電化」だったことは象徴的である。

これに対して、産業化の進展が労働や生活の人間らしさを奪っていくという側面に着目し、産業化の負の側面を克服しようという立場も出てくる。こうした立場は基本的には産業化を否定的に捉えることとなる。イギリスではウィリアム・モリス、ジョン・ラスキンといったひとたちがそうである。こうした流れの中から生まれるのがギルド社会主義である。

中世の職人組合であるギルドでの生産のあり方を人間的なものとして称揚したＡ・Ｊ・ペンティを嚆矢とし、当初はフェビアンたちをも含む左派の雑誌として出発した『新時代』を舞台に、ギルド社会主義の論陣が１９１０年代に張られていく。編集主幹Ａ・Ｒ・オレイジのほか、前述のペンティ、Ｓ・Ｇ・ホブソン、Ｇ・Ｄ・Ｈ・コールなどが主な論者である。彼らは１９１５年に『全国ギルド連盟』を創設する。ギルドによる産業の自治、賃金奴隷制の廃止などが最大公約数的な主張であった。

社会クレジット運動と国民配当

こうした運動の中からでてきたのが、社会クレジットという考え方である。工場などの生産手段が整っているのに、失業や貧困が蔓延しているのはなぜか。生産されたものを購入するだけの所得が労働者の手中にないからであると彼らは考えた。

これは経済学的にいえば過少消費説と括ることのできる考え方である。この立場から、金融システムの社会化と「国民配当」とを提唱する。この国民配当こそベーシック・インカムに他ならない。主唱者の名前はC・H・ダグラス（1879‐1952）。技術者で空軍で技術将校だった経緯からダグラス少佐とも呼ばれる。1918年から1924年にかけてダグラスの名前で『新時代』上に掲載された論考は、事実上ダグラスとオレイジの共著だったともいわれており、まさしくギルド社会主義の只中からこの考え方はでてきたといってよい（＊4）。

彼らの理論は、第一次大戦の悲惨で儲けたとされる金融資本への反感から、幅広い共感と関心を引き起こす。詩人のエズラ・パウンドはロンドンでの大事な文学仲間たちを大戦で失い、「利子」と題する金融資本に従属する社会を批判する詩を残している。彼はその後、社会クレジット運動に共鳴していく（＊５）。ギルド社会主義の内部では、地方のギルドや炭鉱労働者たちの間に支持が広がっていく。しかし有力なギルド社会主義者の一人コールが反対するなどして分裂し、ギルド社会主義自体が運動としては瓦解していく。

他方、この動きがギルド社会主義をこえて当時の労働者階級にひろく運動が広がった結果、労働党も無視できなくなり、ダグラスの提案についての調査委員会をたちあげる。ここでも最終的に社会クレジット構想は棄却されるが、それでも社会クレジット運動は残り、１９３０年代の不況と大量失業のなかで、大衆運動として続いていく。イギリスの外ではカナダのアルバータ州で１９３５年に政権を奪取する（写真15、１７２ページ）。

興味深いのは１９２０年代末に、早くも日本に詳細に紹介されていたという事実である。ダグラス自身、１９２９年に別件で東京を訪れており、来日にあわせるようにダグラスの著書の翻訳が複数、１９３０年前後に『ダグラス派経済学全集』刊行の一環として出ている。

＊４　Hutchinson and Burkitt (1997).
＊５　野上（1999-2002）。

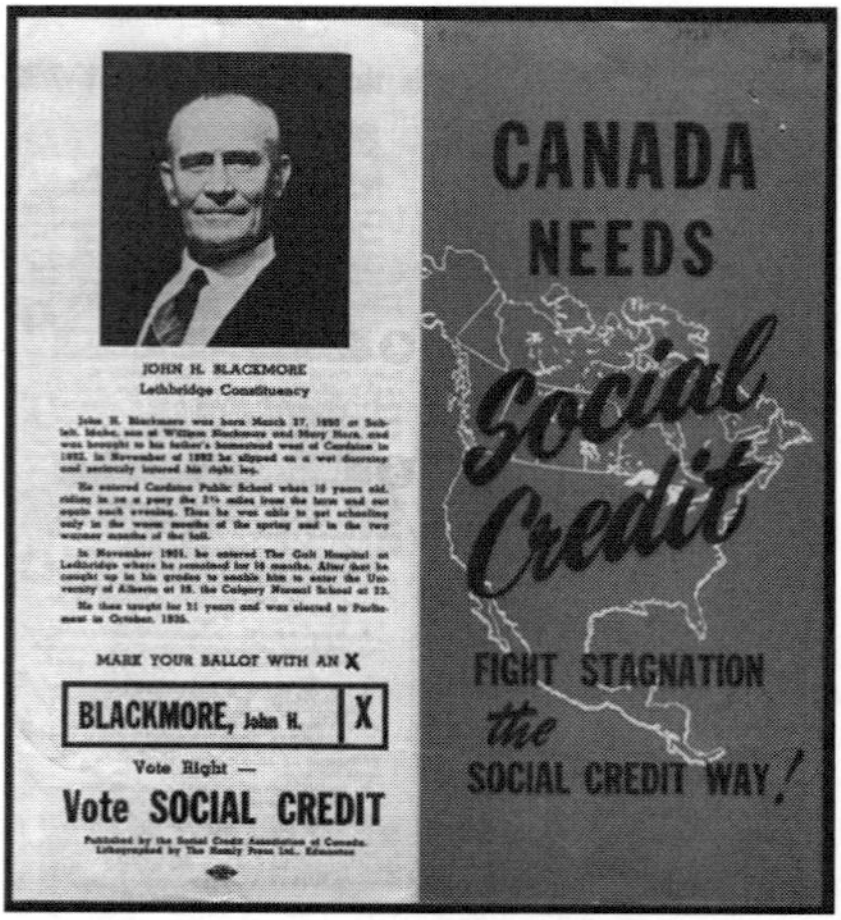

（写真15）カナダ・アルバータ州で社会クレジット党への投票を呼びかける1953年の印刷物　出所：Glenbow Museum

また土田杏村（１８９１‐１９３４）という西田幾多郎に哲学を学んだ文筆家は、１９３０年に『生産経済学より信用経済学へ』という社会クレジットについての好意的紹介本を書いている。この中からベーシック・インカム（国民配当）に関連する個所を引用しよう。文中「社会信用」は社会クレジット、「国民的配分」とあるのが国民配当である。

第二の社会信用原理は、国民的配分である。（中略）

産業には三つの要素がある。第一は資本、第二は労働、第三は共通の文化的遺産である。（中略）

資本と労働の二については、特に論ずるまでもない。共同社会の共通文化遺産に就いては、経済学者も多く関説しないが、抑々《そもそも》此の遺産の相続者は何人であらうか。此のすばらしい遺産の相続者こそは、共同社会の成員である。共同社会の個々成員は、相互的に依存して居り、個々成員は全体の共通文化遺産の共同相続者である。社会は資本家と労働者とを含み、彼等は生産の成果より其れ其れの分け前を受取るが、なほ社会には此等の二者の何れにも属しないものがある。さうした人達といへども、全体の共通文化遺産からは、何等かの分け前を得なければならない。換言すれば共同社会の増加した真信用からは、共同社会の成員たるものはすべて何人といへども分け前を受け取らなければならない。

国民的配分の根拠は、此点に横はつてゐる。国民的配分は其の受取人が仕事をするとしないとに関係なく、また其人の財政的状態の如何に関係なく、分配せられなければならない。此れにより我々が直ちに解決することの出来るものは、失業の救済である。

（土田杏村『生産経済学より信用経済学へ』、１９２９年。ただし漢字は現代の表記に改めた）

社会クレジット運動におけるベーシック・インカムの理念が、ほぼ同時代にかなり的確に紹介されている。また以下のような評価も英語圏での議論の紹介という形でされている。

国民的配分が成立すれば、……各人は経済的に独立的となるから、例へば家庭内でも今日の如くに妻は夫に従属するといふ様なことがなくなる。

（前掲書）

土田杏村のほか、経済学者としてよりむしろ新感覚派の作家として有名な久野豊彦も来日中のダグラスと面会をしたりなど、「ダグラス派」の議論の紹介に努めた。社会クレジット運動のうち、ベーシック・インカム関連の部分が当時すでに的確に紹介されていたことは注目に値するだろう。

4-5 ケインズ、ミード、福祉国家

経済学者と詩人の会話

前述のエズラ・パウンドは、C・H・ダグラスと経済学者J・M・ケインズとのやり取り

や他の経済学者のダグラスに対する態度を詩に詠んでいる。

西洋における生活費

高名なブーコス氏にC・H・は尋ねる。

「物価が高いのは何故ですか？」

諸国に助言している経済学者ブーコス氏は答える。

「労働力が不足しています」

二百万人も失業者がいるというのに。

しかしC・H・は口を閉ざす。息で牛乳粥を冷ますためだと彼はいう。

しかし私は黙らず、ブーコス氏を質問攻めにした。

彼が最後に言ったのは、

「私は正統派の『経済学者』なのですよ」

（中略）

そしてH・B・氏はオフィスに以下のように書く。

「C・H・の本を受け入れても良い。

しかし彼の本は私自身の本を時代遅れのもののようにしてしまう」

（パウンド「詩篇22」より）

文中「C・H・」は、C・H・ダグラス、「ブーコス氏」はケインズ、「私」はパウンド、「H・B・」はジョン・A・ホブソンだとされる。ケインズが実際に答えに窮して、自分が正統派の経済学者であることを捨て台詞にしたかはともかく、当時のケインズはダグラスはじめ過少消費説の議論には否定的だった。また、ホブソンはダグラスより早く過少消費説を唱えていた異端の経済学者であったが、その彼ですらダグラスの議論に対して批判的であった。したがって、この詩が実際の三人の会話の通りなのかは今となっては何ともいえないが、1920年代前半に経済学者たちが、ダグラスの議論をどのように評価していたかの一端を表していることは間違いないだろう。

しかし、ケインズはその後、ダグラスが取り組んだ問題に自らも真剣に取り組んでいく。1920年代から1930年代にかけて、ケインズは様々な政策課題に取り組むなかで、自身が学んだ経済学を必要に応じて批判し書き換えていく作業に取りかかる。

その集大成としてケインズが1936年に出版した『雇用・利子および貨幣の一般理論』

は、供給は需要が創り出すと考える当時の経済学の前提を根本から塗りかえるものであった。有効需要の不足を指摘してきた先達として、投資要因の不足に着目したシルヴィオ・ゲゼル、上述のＪ・Ａ・ホブソンらと並んで、ダグラスも同書のなかで言及されている。第一次大戦後の世間の耳目を集めた「異端的な過少消費説」のうち「ダグラス少佐の理論が最も有名」であり、「彼の論敵である正統派の一部の人々とは違って、少なくとも現代経済体制の主要問題を完全に忘却してはいないと主張することのできる権利をもっている」と。

ケインズとミードの視点

さて、本書前半でみてきたような第二次大戦後の福祉国家のあり方は、二人の人物の名前を冠して呼ばれることがある。すなわちケインズ＝ベヴァリッジ型福祉国家と。Ｗ・ベヴァリッジは戦後福祉国家の青写真を描いたとされる１９４２年の『ベヴァリッジ報告』で、社会保険を中心として補足的なものとして公的扶助をおく、保険・保護モデルを唱えた人物である。ケインズの有効需要の原理は、こうした社会保障への支出を正当化するものとして捉えられた。有効需要を政策的に喚起するという処方箋はケインズ主義と呼ばれ、福祉国家を下支えする経済思想となる。すなわち二人の議論を組み合わせると、

(a) 社会保障によって有効需要が適切な水準に保たれ、そのことによって
(b) 完全雇用が維持され、その結果
(c) 保険・保護モデルが機能不全に陥ることはない

という、いわば社会保障・経済・完全雇用のトライアングルを考えることができる（図表8-1、181ページ）。

このように纏めると、ケインズの議論は完全雇用を前提とした保険・保護モデルとのみ親近性があるような印象を持つかもしれない。実際、ベヴァリッジ報告が出されたのち、ケインズはベヴァリッジに接触すると同時に、ベヴァリッジの計画の実現に向けて活動をした。

興味深いのはそうした活動の中での、経済学者ジェイムズ・E・ミードとケインズとの間のやり取りである。ベヴァリッジの保険中心の考え方に対して、ミードは税方式を主張する。これに対してケインズは拠出金にもとづく社会保険というアイデアに賛同する。しかしそれはあくまで政策立案者や人々を説得するための実践上の考慮の結果であって、理論的には税方式がよいというミードの正しさを以下のように認めているのである。

社会保障への被用者および事業主の拠出金（保険料）は、一般税への負担よりも劣っているという点に、私は理論的に同意いたします。

（１９４２年５月８日のケインズからミードへの手紙）

また、ミードと同様に拠出金方式に疑問をもった財務官僚に対しても次のように言う。

拠出金か税金か。知的には、そしてその理非にかんしては、あなたが書いておられることに論駁の余地はありません。毎週の固定された拠出金は、被用者にたいする人頭税であり、事業主にたいする雇用税であります。……双方とも非常にたちの悪い税金になります。

（同年7月20日のケインズからサー・リチャード・ホプキンズへの手紙）

ミードは後にノーベル経済学賞を受賞するが、１９３０年代から１９９０年代に世を去るまで、長きにわたって「社会配当」という呼び名でベーシック・インカムを提唱していた。

これらの詳述は別の機会に譲るとして、福祉国家が保険・保護モデルとして成立するまさにその時、保険ではなく税方式の方が理論的には好ましいことが、ケインズとミードという二人の偉大な経済学者によって確認されていたのである。

実際、ケインズの有効需要論はベーシック・インカムとも矛盾なく接続する。図表8を使って説明しよう。いわゆるケインズ主義的福祉国家が図表8-1のように説明できることは述べた。このように社会保障・経済成長・完全雇用のトライアングルが好循環として成立していたのが1950年代から1960年代にかけての福祉国家の黄金時代とすれば、1970年代以降の現在に至る福祉国家の危機と呼ばれる状況のもとでは、図表8-2に示すように、悪循環に陥ってしまっている。

この悪循環から抜け出る鍵を有効需要の再創出にみれば、ベーシック・インカムをその道具と考えることも可能である（図表8-3、183ページ）。これを仮にケインズ主義的ベーシック・インカムモデルとでも呼んでおこう。ミードは基本的にはケインズ主義的立場に立ちつつ、ベーシック・インカムの導入は労働供給と労働需要のある程度の減少をもたらすだろうと考えていた。そして興味深いことに、そのことを環境問題の観点から肯定的に捉えていたのである。

図表8　社会保障・経済・完全雇用のトライアングル

(1)福祉国家の黄金時代

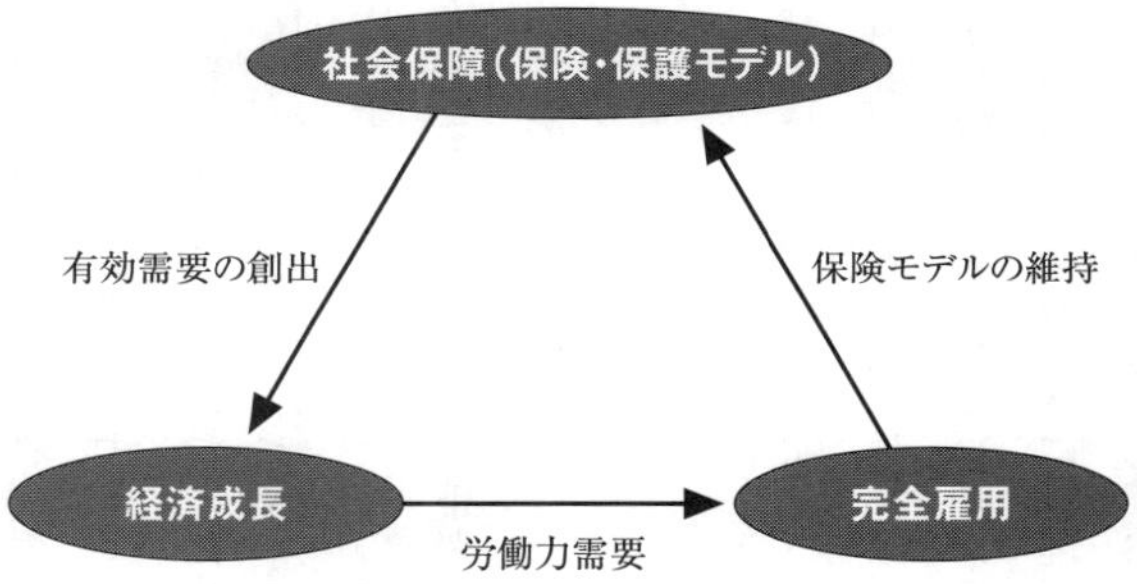

(2)福祉国家の危機

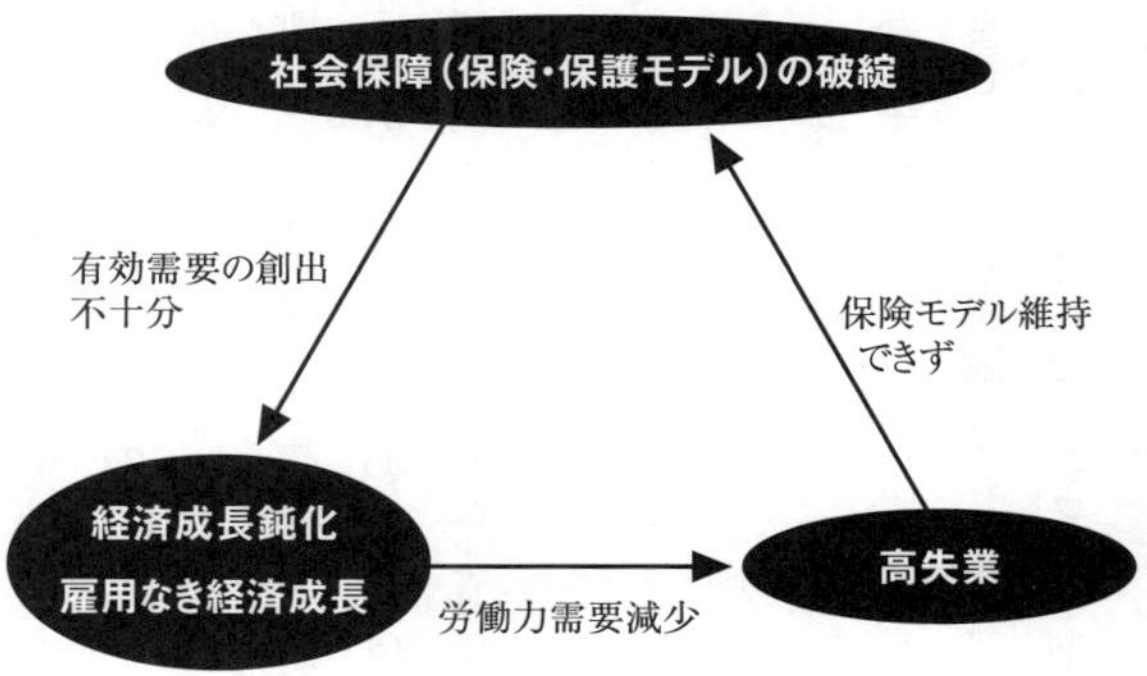

(出所) 著者作成

様々な経済活動に伴う渋滞、汚染、資源利用のもたらす深刻な外部不経済について、我々は以前より適切に認識するようになってきている。今ではこれらの活動は、それらの社会的費用すべてをまかなうための、例えば租税やその他の負担金などを課すことで、抑制されるべきだといわれている。（中略）稼得所得への課税は、金物類より余暇への選好を増やすという事実は、このような可能性の一つの大まかな例である。とはいえこれは粗雑過ぎる例である。渋滞や、汚染、資源利用といった特定の活動により重く課税するべきである。

（ミード「福祉国家のなかの貧困」、１９７２年）

このミードの議論は、環境問題とベーシック・インカムを結びつけるもっとも早い例の一つだろう。環境問題を視野に入れれば、経済成長がかならずしも善とは限らず、成長を減速させるような経済的なディスインセンティブが逆に好ましいという議論もなりたつ。

この立場は図表８‐４のように整理できるかもしれない。仮にこれをエコロジー型ベーシック・インカムモデルとでも呼んでおこう。環境問題とベーシック・インカムについては第

図表8　社会保障・経済・完全雇用のトライアングル

(3)ケインズ主義的ベーシック・インカムモデル

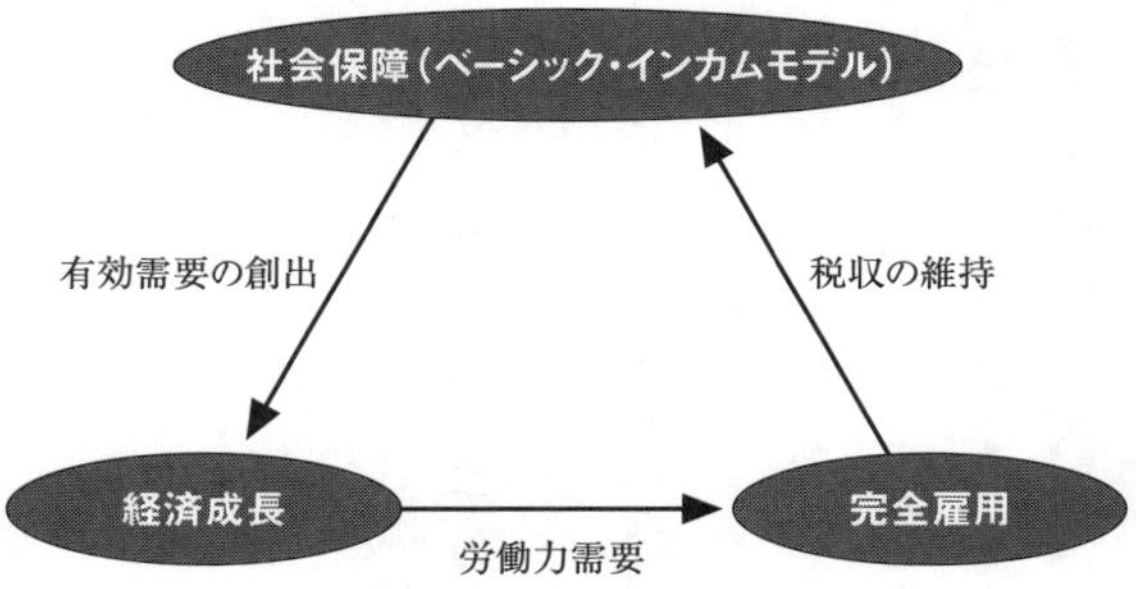

(4)エコロジー型ベーシック・インカムモデル

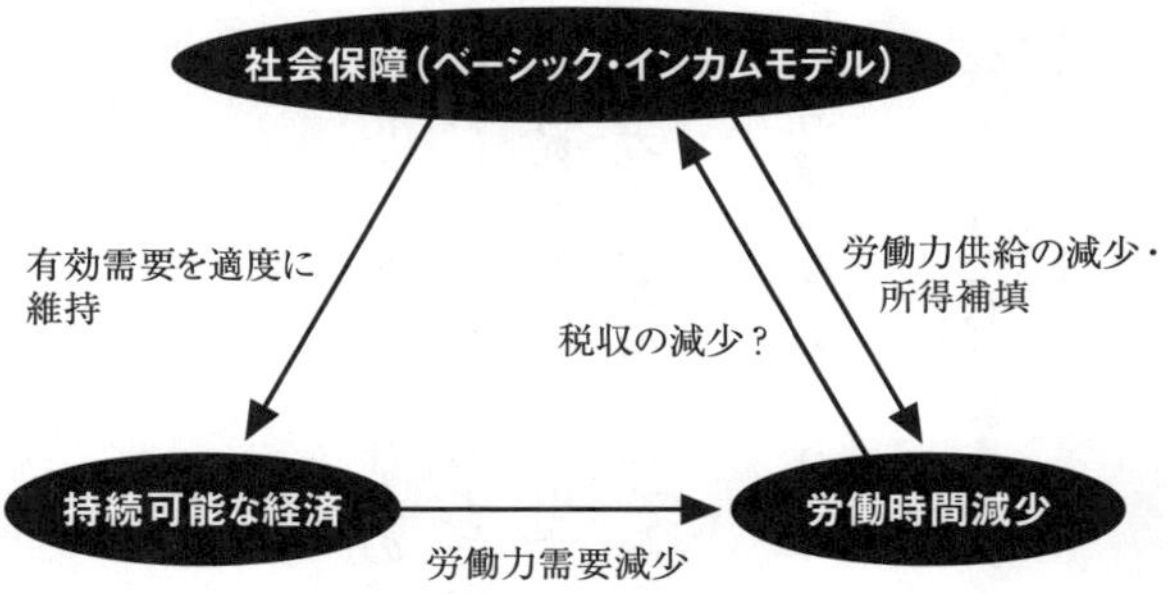

（出所）著者作成

6章でもう少し触れる。労働需要の減少や労働インセンティブの問題については、次章で詳しくみることにしよう。

＊　＊　＊

第3章でみたネグリたちのベーシック・インカムの正当化は、あくまで社会の富を生み出すのは労働であり、その対価としての賃金という枠組みないしレトリックの中でのことであった。これに対して本章で見てきた歴史的な議論は、むしろ社会の富を生み出すのは労働だけではなく、土地や過去の文化的な遺産なのだと主張し、そこからの配当としてベーシック・インカムを正当化する。

この二つは対立するのだろうか、それとも相互に補い合う議論なのだろうか。本書では、これを読者に開かれた問いとして残しておきたいと思う。

次章では、こうした「そもそも」論からは一旦離れ、経済学者たちによる労働インセンティブなどを巡る「実際的な」議論をみていくことにしよう。

｛第４章のまとめ｝

▼２００年ほど前に初めて「権利としての福祉」といった考え方が出てきたとき、それはベーシック・インカム的な提案であった（ペイン、スペンス）。

▼ベーシック・インカムの根拠のうち２００年前から絶えず言及されてきた論理は、本来共有であるはずの土地や、過去からの文化的遺産による果実の正当な分配というものである（ペイン、スペンス、シャルリエ、ダグラス）。

▼19世紀半ばより、ベーシック・インカム論は支配的な労働観に対してオルターナティブな労働観を提示しつつ議論されるようになった（シャルリエ）。

▼ベーシック・インカム論は日本にも80年ほど前に紹介されていた（土田杏村）。

▼保険・保護モデルとして福祉国家が構想されるまさにその時に、経済学者たちはベーシック・インカム型モデルの理論的優位性を認めていた（ミード、ケインズ）。

【コラム④　ベーシック・インカムの起源は律令国家?】

ベルギーの政治哲学者で、現代におけるベーシック・インカムの主唱者の一人、ヴァン＝パレイスによれば、ベーシック・インカムの起源は三つあるとされる。

一つは、最低限の所得を保障しようという構想の出現、二つ目は、人が生まれたとき（あるいは成人として自らの人生を始めるとき）に無条件で一定の金額を権利として手にできるという構想（ベーシック・キャピタル）の出現、三つ目は、上記二つの構想が重なることによるベーシック・インカム構想そのものの形成、の三つである。

一つ目が現れるのは、16世紀のヨーロッパだとして、トマス・モアの著作『ユートピア』の中の記述などが挙げられている。ただし、ここで挙げられているのは正確には所得そのものの保障というよりは、生活の保障である。それが所得によって保障されるべきか、あるいは生活手段なのか、ということは明示されていない。このような構想が16世紀ヨーロッパで初めて出現したというのは、ヨーロッパ中心主義的な言説にも映る。

というのも、例えば中国や日本の律令国家には、均田制あるいは班田制があり、臣民には納税・兵役などの義務の前提として彼らがまず食べられるための耕作地を分け与える制度があった。その意味ではヴァン＝パレイスの議論をヨーロッパ中心主義から解き放てば、ベーシック・インカムの起源は16世紀より1000年以上古く、律令国家まで遡ることができるとも言える。私たちが知らないだけでもっと遡ることもできるかもしれない。

第5章　人は働かなくなるか？
——経済学のなかのベーシック・インカム

日本では、経済学者のあいだでもベーシック・インカムはそれほど知られていない。しかし、アメリカの標準的な経済学の教科書にもベーシック・インカムはでてくる。

ここでは経済学者たちがどのような議論をしていたか、概観することにしよう。

よくある二つの疑問をとりあげよう。一つは、ベーシック・インカムが導入されれば、人は働かなくなるのではないか？　という労働問題。もう一つは、ベーシック・インカムの財源はどうするのか？　という財源問題である。

前者、労働問題には経済学者たちは三通りの解答をしており、まずこれを労働インセンティブをどう刺激するかという問いとして答える議論を第1節で紹介する。次にこの問題を、労働の必要性の減少という事実から考えようとする議論を第2節で紹介する。次に「働く」ことの中身を賃労働から家事労働などの不払い労働にまで広げて考えた場合に問題の位相が一変するが、第3節でこうした議論をしている経済学者の声に耳を傾けてみよう。第4節では、労働インセンティブを高める給付として現実に導入されている、部分的ベーシック・

インカムともいうべき制度を紹介する。最後に第5節でもう一つの問い、すなわち財源をめぐる議論を紹介する。

5 - 1　ベーシック・インカムは労働インセンティブを低めるか?

リズ・ウィイリアムズの社会配当

ベヴァリッジ報告が保険・保護モデルの所得保障の青写真を描いた翌年の１９４３年には、それへの対案としてベーシック・インカム型の所得保障の提案もなされた。ジュリエット・リズ＝ウィイリアムズによる『新しい社会契約』の提案である（＊１）。

この骨子は「社会配当」と呼ばれるベーシック・インカム型の給付である。国家と個人のあいだの契約という形をとり、国家の側は個人とその子どもが健康な生活に必要なものを維持する責務を負い、個人の側は富の生産に可能な限り努力するというものである。

この契約を結んだ個人は、男性であれ女性であれ、例えば週20シリング前後の給付を受け、

＊１　Juliet Rhys-Williams（1898-1964）の１９４３年の著作。

また扶養している子供1人あたり10シリングの給付を受けるというものだ。金額はベヴァリッジ報告での年金や公的扶助給付の提案額に近い形での例示に過ぎないとされ、地域の家賃の水準などが考慮されるべきとされた。女性には「被扶養者としてではなく彼女自身の権利として」給付される。

ここで「ベーシック・インカム」型というのは、保険・保護モデルと異なり、拠出金による保険制度とミーンズテストを伴う生活保護的な扶助制度の二分立ではなく、税によりながらミーンズテストを伴わない給付である、という点である。あくまで「型」であって、ベーシック・インカムそのものではないのは、就労の意思なく、かつ家事労働に従事していない者を給付対象から外しているからである。この点はベーシック・インカムとも、このあと説明する負の所得税とも異なるが、以下の三つの理由でベーシック・インカムに近い仕組みとして言及する意味がある。

第一に、リズ・ウィリアムズの提案や諸著作が、第2章で言及したイギリスにおけるベーシック・インカム運動に影響を与えたことである。彼女の政党との関わりは、『新しい社会契約』を提案したときは自由党支持であったが、1945年に保守党へとかわる。しかし、社会配当は一貫して主張されており、彼女の死後の1965年に出版されたペーパーバック版の著書『新しいイギリスの経済政策』は、政治的立場を超えて広く読まれ、ベーシック・インカム的提案を人口に膾炙させるのに一役買ったようである。

第二に、これからみるフリードマンの負の所得税構想に、インスピレーションを与えたといわれていること。実際、彼女が「雇用者と健康な者にも、怠け者と病人と同じ給付」を国家は支払うべきだというとき、労働インセンティブを高めるべきというフリードマンら後の経済学者と同じ目標を共有している。

第三に、彼女は財源を比例所得税で調達することを考えているが、これがベーシック・インカムであれ、後述する「負の所得税」であれ、後の経済学者たちの提案の原型と考えてよいからである。また、前章でみたミードとケインズのやり取りと同様、ベヴァリッジ型の福祉国家が産声を上げたまさにその時に、拠出金ではなく税での社会保障という、ベーシック・インカム「型」の青写真が対案として出ていたことは強調してもしすぎることはないだろう。

スティグラーとフリードマンの負の所得税

リズ・ウィリアムズがイギリスで社会配当を提案していた頃から、アメリカの経済学者の間では、負の所得税と後に呼ばれる考え方がインフォーマルには議論されだしていたという。

アメリカでは1938年に制定された公正労働基準法で、連邦最低賃金が導入された。このことを契機に、経済学者の間で最低賃金の是非、そして低所得者の所得を保障しうる代替案などが議論されだす。ジョージ・スティグラーは最低賃金について論じた論文で、所得税を負の税率で、課税最低限以下の低所得者層に拡大していくことについて肯定的に触れている(＊2)。

このアイデアを詳述し、公共的な議論の場に持ち出したのは、ミルトン・フリードマン(＊3)だとされている。『資本主義と自由』と題された1962年の著書の最終章は貧困問題を扱っており、そこで負の所得税を提案している。その後、『ニューズウィーク』(1968年)、『プレイボーイ』(1973年)といった一般向けの雑誌でも、またテレビ番組(1980年)でも、この提案を繰り返し提唱した。

＊2 Stigler (1946). George Joseph Stigler (1911-1991) はアメリカの経済学者。1982年にノーベル経済学賞を受賞した。

＊3 Milton Friedman (1912-2006) は、アメリカの経済学者。1976年にノーベル経済学賞を受賞した。スティグラーとともにシカゴ大学で長く教鞭をとったが、シカゴ学派の名は、政府介入に慎重で市場の役割を重視する立場として理解されることとなった。

図表9-1　最低賃金制度が失業を生む場合

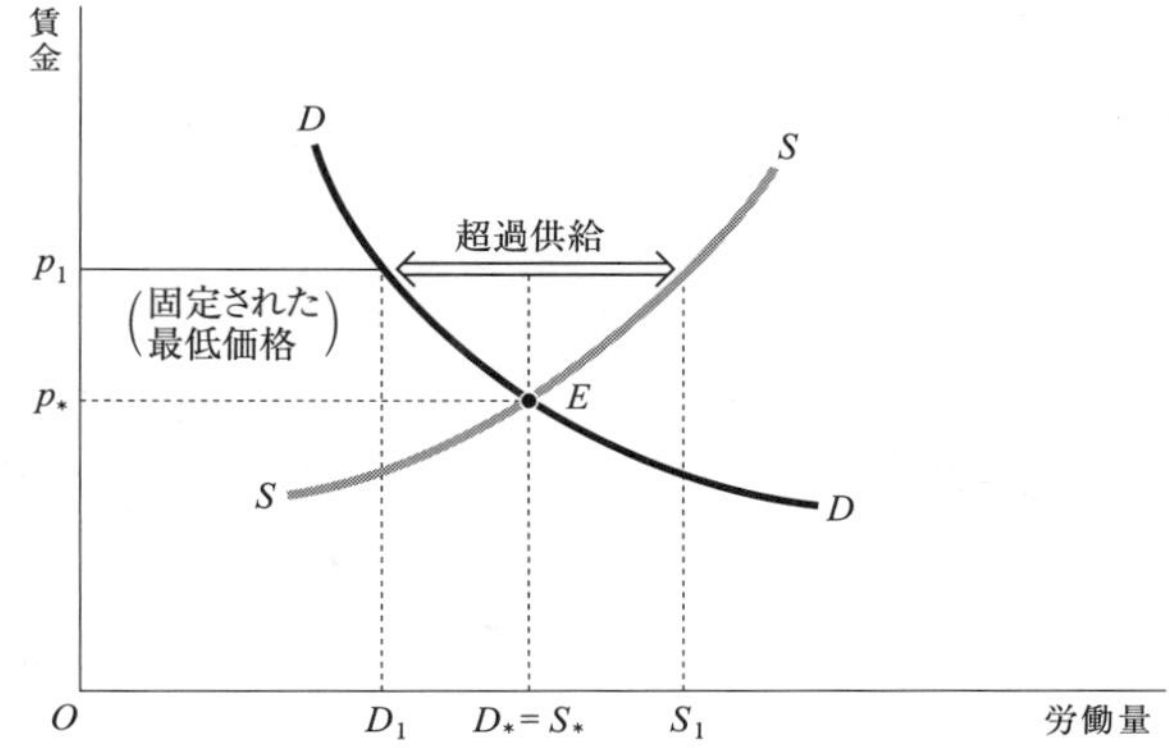

（出所）西村（1986）

まず法定最低賃金はなぜ経済学者にとって問題含みなのだろうか？　経済学の教科書は以下のように説明する。労働者は賃金が高いほど労働市場に参加したがるだろう。経営者は賃金が低いほど雇用を増やそうとするだろう。その結果、図表9‐1のようになる。

DDは経済学でいう需要曲線、この場合企業の労働需要が賃金額でどう変化するかを表すもので、右下がりとなる。SSは経済学でいう供給曲線、この場合労働者の労働供給が賃金額でどう変化するかを表すものである。市場で決まることは、この二つの曲線が一致する点、図中Eに対応する労働量（$D_* = S_*$）、賃金額（p_*）で表される。このp_*より高い、例えばp_1に最低賃金を定めてしま

図表9-2　税額控除、ベーシック・インカム、負の所得税

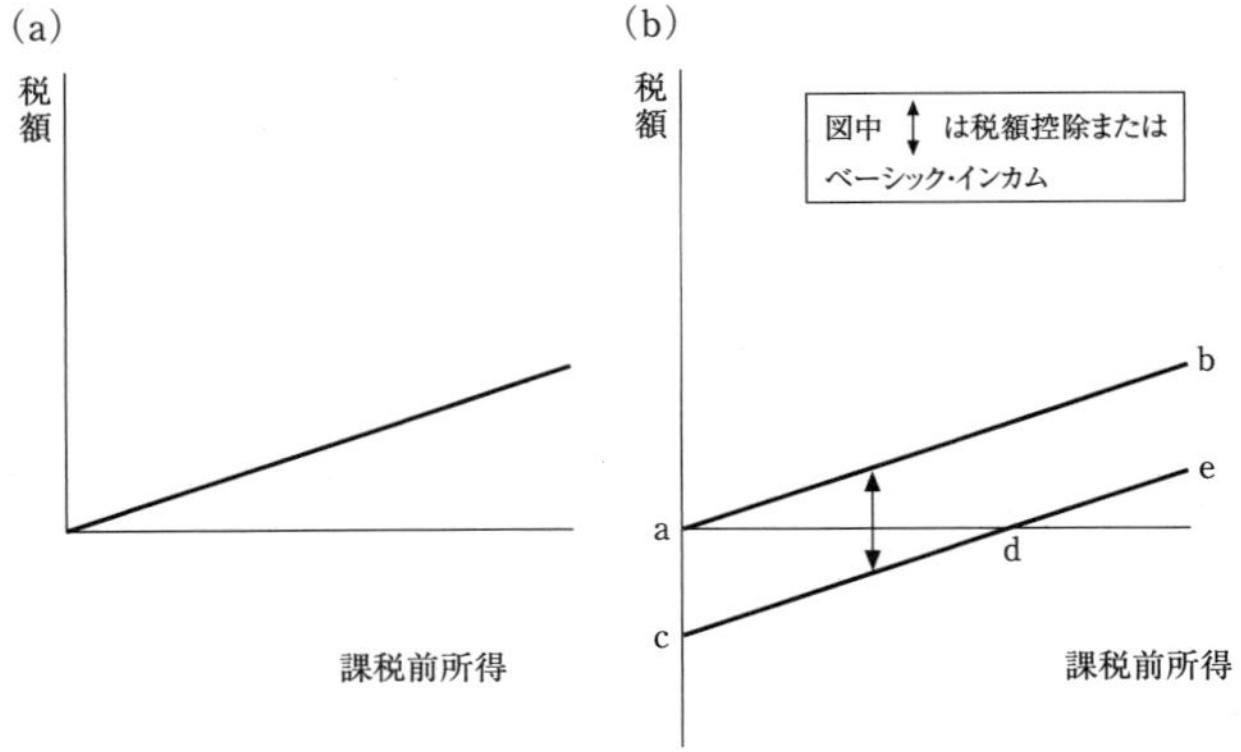

（出所）著者作成

うと、S_1-D_1だけ失業者が発生し、しかも悪いことには、うちD^*-D_1は、本来最低賃金制がなければ仕事にありつけたのに、最低賃金のせいで職を失ってしまった労働者だというのである。

だから市場にまかせておけばよい、とご託宣を垂れて話を終わらせなかったところがスティグラーやフリードマンの偉いところである。最低賃金のような「市場を歪める」方策以外に、貧困を解消する方法があるかどうかを考えたのである。

多くの国で所得税には税額控除がある。所得税額から一定の額を控除するもので、日本の場合、配当控除、外国税額控除、住宅借入金等特別控除などがある。税額控除前の所得

図表9-3　課税最低限と負の所得税

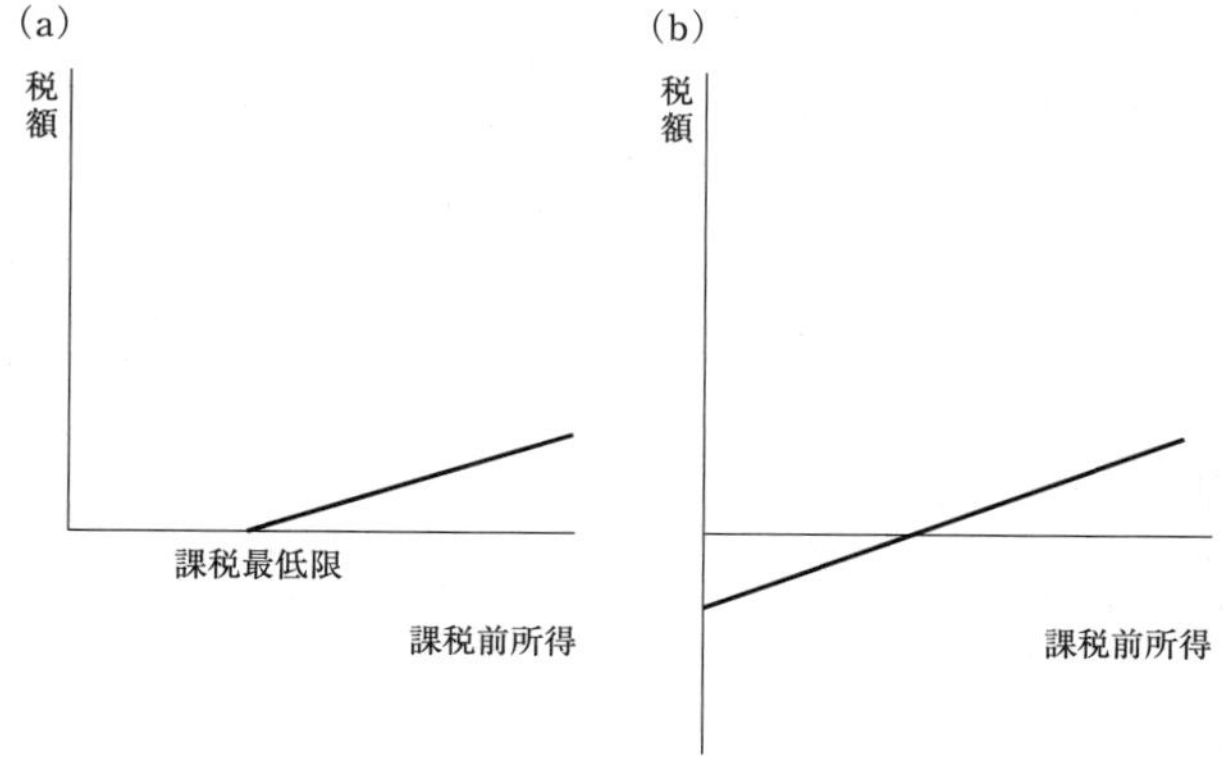

（出所）著者作成

税額（IT）が、税額控除額（TC）と同じかそれ以上（IT≧TC）であれば、税額控除は額面どおりの意味をもつ。ところが税額控除前の所得税額が税額控除額未満（IT＜TC）であれば、通常の税額控除では、IT分だけが免除され、残りのTC－IT分は意味が無い。

これに対して、この部分を還付ないし給付というかたちで額面どおりの意味を持たせる税額控除を給付型税額控除と呼ぶ。最低生活費控除としてのこの給付型の税額控除が負の所得税である。つまり、所得税額から最低生活費相当分を控除し、もし所得税額が最低生活費を下回る場合には差額を給付するというわけだ（図表9-2：通常の税額控除であれば（b）の図でa-d-eとなり、給付型であればｃ‐ｄ‐ｅとなる)。

典型的には、この負の所得税は定率税で考えられることが多い。理論的には、この負の所得税は、累進税でも、あるいはその逆でも成立するし、正と負で違う税率ということも考えられうる。給付型税額控除＋定率税としての負の所得税は図表９‐２のように示すことができる。また図表９‐３（１９７ページ）のようにも説明できる。多くの国では所得税には課税最低限が設けられている（日本の場合は単身世帯で１１４万４０００円）。課税最低限がある定率所得税は、図表９‐３（ａ）のように表せる。これを図表９‐３（ｂ）のように、課税最低限以下に拡張していったものが負の所得税である。

社会保障制度への疑義

さて、フリードマンが負の所得税の提案に踏み切ったのは、最低賃金の法制化から20年以上も経ってからである。実際１９５０年代には負の所得税に彼自身反対であったという。負の所得税提案に踏み切るには、最低賃金への疑義の他に、もう一つの理由がフリードマンには必要であった。それは成熟しつつあった社会保障制度への疑義である。最低賃金の法制化に先立つ１９３５年、社会保障法が成立し、このもとで様々な社会保険のほか、後にＡＦＤ

C（第2章参照）となるプログラムが導入される。また公営住宅などの建設も進む。

年金など社会保険の保険料はアメリカでは社会保障税として徴収されるが、これは所得税などの他の税と比べて逆進的であるという。さらにフリードマンは、年金は若い世代から年老いた世代への強制的な所得移転であり、貧困層ほど若くして働き始め、富裕層ほど長生きをするから、これは「より貧困な人びとから豊かな人びとへの所得の移転」を行っていると述べる。社会保障が「金持ちの負担で貧困者を助ける」というのは、年金に関していえば必ずしも当てはまらないというのである。

AFDCなどの公的扶助（日本でいえば生活保護）は、たしかに「金持ちの負担で貧困者を助ける」ことになる。しかし、この制度では働いて所得が増えると逆に給付の権利を失ってしまうため、労働インセンティブを損うことになるのが致命的な欠陥だとされる。これは**「貧困の罠」**あるいは「失業の罠」「福祉の罠」などの名前で、現在に至るまでさかんに議論されている。

また福祉を名目に補助金が業界における仕組みは必然的に腐敗するとフリードマンは指摘する。低所得者向けのプログラムとして導入されたはずの事業が、いつのまにか中流階級向けのものに変貌を遂げてしまうという。また特定のカテゴリーに所属することで補助金を受けられるような仕組みは市場を歪めることとなる。

フリードマンは前述の『資本主義と自由』のなかで次のように論じる。「もし目標が貧困を軽減することであるなら、われわれは貧困者を援助することに向けられたプログラムをもつべきである。貧困者がたまたま農民であるなら、彼が農民だからではなくて貧しいからということで、彼を援助すべき十分な理由がある。すなわち、特定の職業集団、年齢集団、賃金率集団、労働組織もしくは産業の構成員としてではなく、人びとを人びととして援助するようにプログラムは設計されるべきである」。

これら経済的理由に加えて、フリードマンが熱心に語っていたのは、彼が「福祉官僚制」と呼ぶものへの嫌悪である。「現在の福祉計画を牛耳っている巨大な福祉官僚機構」が負の所得税のもとでは不要となるという。もちろんこれは既存の制度より安上がりになると主張する点では経済的理由だが、それにとどまらず、次のように主張する。すなわち福祉官僚たちによって、「国のお荷物や厄介者」として扱われてきた人々を、「責任ある個人」として扱うことができるようになると。この点は、第2章でみた福祉権運動の主張と重なりあい興味深い。

負の所得税とベーシック・インカム

では、負の所得税はベーシック・インカムと同じものなのだろうか。それとも違うのだろうか。ここでは前章にも登場した経済学者ミードが、1972年に「福祉国家のなかの貧困」という論文で行った整理に従っておこう。まず経済学的には（お金の出入りとしては）、全く同じ再分配効果をもつようにベーシック・インカムと負の所得税を設計することは可能である。前出の図表9-2（b）で税額控除の部分が、非課税のベーシック・インカム給付に置き換わったと考えればよい。

ミードはしかし、行政機構的にはベーシック・インカムと負の所得税は大きく異なると指摘している。ベーシック・インカムであれば全ての人に、郵便局なり類似の行政機関を通じて給付される。これに対して負の所得税は、税務署が控除計算を行い、低所得者については税の徴収ではなく給付を行うという形をとる。ベーシック・インカムでも当然税務署の税の徴収業務は必要であるから、行政コストは負の所得税のほうがベーシック・インカムより安上がりのはずである。

ミードはそう指摘しながらも、ベーシック・インカムの方が望ましいとする。というのも負の所得税において、給付額を算定ないし予測して事前に給付することが可能であるが、被雇用者はともかく、自営業者やパートを掛け持ちしていたり日雇いだったりした場合、こうした計算はかならずしも簡単ではないからである。

なお、他の論者によって挙げられる違いに、ベーシック・インカムは個人単位であるが負の所得税は家族単位であること、ベーシック・インカムが事前の給付であるのに対して負の所得税は事後の給付であることがしばしば指摘される。

しかし、前者については、家族単位のベーシック・インカムや、個人単位の負の所得税も技術的には成立するので本質的な違いとはいえない。また後者についても、いましがた述べたように事前に所得額を予想して給付し、事後的に調整することは可能である（毎月源泉徴収を行って年末調整をするのと同じような仕組み）。

限界税率とBI／FT

貧困の罠から抜け出し労働インセンティブを高めるという、フリードマンらの発想は現在ではBI／FT（Basic Income／Flat Tax: ベーシック・インカム／定率所得税）という形で議論されるようになっている。個人の労働（ここでは社会の多数派および経済学者の使用法にならって労働＝賃金労働として話をすすめる）へのインセンティブについて考える経済学的道具の一つに、限界税率がある。限界税率とは通常、今より額面（課税ベース）で1円多く稼いだときに、そのうち何パーセントが税金で持っていかれるかについての概念である。限界「税」率という言い方をするけれども、社会保障の給付と負担と、税とを両方視野に入れて、この概念を使う人たちがいる。後述するアトキンソンなどの経済学者たちである。社会保障の拠出料も隠れた税であり、給付は負の税だと考えれば、それほど奇異な用語法でもないだろう。

限界税率が60％であれば、1円のうち60銭は税金で取られ、手取りは40銭増える。100％なら手取りに変化はないし、120％であれば、逆に手取りは20銭減ることになる。所得が少し増加することで、たとえ所得税率に変化がなくても、社会保険料の負担率が増えたり、あるいはそれまで受けていた公的な給付が減額ないし廃止されてしまうのであれば、限界税率は100％を超えてしまう。たとえばフルタイムで働く配偶者を持つパートタイム労働者が、社会保険加入義務が生じないぎりぎりの時間で労働時間を調整したりするのは、そこで限界税率が100％を超えてしまうからである。

公共経済学における最適課税論の文脈では、こうした視点からの研究が進んでいる。それによると、額面の稼得所得が増大するにつれ、限界税率が低減ないし一定で推移するような形が望ましいとされる。生活保護のような収入が所定の額以下であることを条件に給付を受けることができるかどうかが決まる福祉制度や、社会保険料などのように一定以下の所得に減免措置がある場合には、その境目で限界税率が１００％を超えてしまい、就労インセンティブが働かないとされる。こうした事態を避けることができる社会保障と税制の組み合わせとして、しばしば提示されるのがBI／FTである。経済学や租税論の文献ではベーシック・インカムという呼び名よりも、デモグラントあるいは現金手当などの名前で呼ばれることが多いが、ベーシック・インカムと同じである。スティグリッツは公共経済学の教科書で、BI／FTを「累進的定率税」として紹介している（＊４）。

つまり、全ての人にベーシック・インカムを給付すれば、人々は働かなくなるのではないか、という疑問がしばしば提起されるが、ここでの議論をまとめると、既存の福祉制度をベーシック・インカムに置き換えたからといって、人が働かなくなるとは一概にはいえない、ということである。

５－２　技術革新と稀少な労働

ガルブレイスの『ゆたかな社会』

第1節の議論が「ベーシック・インカムは人を働かなくするのではないか」という問いへのミクロな解答だとすれば、これから紹介するのはマクロ的な解答といってよいかもしれない。「そもそも社会的に必要とされる労働量が減ってきているのに、そんなに働く必要があるのだろうか?」というのである。これはどういうことだろうか。

ガルブレイス(＊5)は、1958年に出版した『ゆたかな社会』で、雇用と所得保障の分離の必要性を説いた。技術革新の結果、人々の必要を満たすために投入しなくてはならない労働量および生産は減少していく。人々の必要を満たす以上に生産された財は、広告等の生産者側の働きかけによって人々の欲望を喚起し、消費されることとなる。したがって生産は昔ほどそれ自体として重要なものではなくなっているのだが、以下の二つの理由で、いまだ重要視されているという。

＊4 Stiglitz (2000).

＊5 John Kenneth Galbraith (1908-2006) はハーバード大学経済学部教授やアメリカ経済学会長を務めた経済学者。邦訳著書多数。

第一に、生産力がとぼしく貧困が偏在していた過去の社会の通念に人々が縛られているため、第二に、生産によって人々の雇用、ひいては所得が保障されるために、である。たしかに所得は保障されなくてはならない。しかし、そのために無理に雇用を確保しようとすることは様々な不都合をもたらす。過剰生産に需要が追い付かない危険、インフレーションの危険、労働すべきでない人を雇用へ追い込む危険などである。また技術革新を遅らせる危険もあるし、そもそも技術革新が不可逆的なものだとすれば、完全雇用の確保はかなり無理をしても難しい可能性が大である。

こうした診断に基づいてガルブレイスは、『ゆたかな社会』初版では、失業手当の充実を提言した。寛大な給付は、本当は働けるのに働かずに給付を受ける怠け者が増えるのではないか、という疑問に対しては、「財貨が緊要でなくなったとすれば、どこに不正受給があるのか」と問いかけ、「自動車の不要な金属に栗色のエナメルを塗る労働者の勤勉さ」に社会は依存してはいないと一蹴する。怠惰はその当該個人にとっては有害かも知れないが、いまや社会にとって有害とはいえないとまでいう。

1969年の第二版では、さらに進んで、権利としてのベーシック・インカムが提言される。

雇用しえない人、困難なしには雇用しえない人、労働すべきでない人にとって直接的な解決策は、生産に関係のない収入源である。これは、近年、保証所得ないし負の所得税に関する各種の提案がなされるに及んで、広く議論されるようになった。これらの提案に共通する原則は、一般的な権利としてベーシック・インカムを与えるものとし、その金額は世帯の大きさに関係するが、他の点では必要とは無関係なものにする、ということである。職を見出せない人（または職をもとめない人）は、この所得で暮らしていける。職からの所得があれば、支給額の一部は控除され、所得が或る限度を超えると、逆に国に対して支払をおこなう（負の所得税という用語はここから来ている）。仕事をすれば必ず所得は大きくなる。このように最低所得が与えられれば、福祉上の理由から生産に圧力がかかるのが軽減される。そしてそのような生産は、それに直接関係する労働者にとっては、収入源としては効果の少ないあてにならぬものであるから、最低所得は福祉の手段としての生産が不足する分を補償するわけである。

（『ゆたかな社会』第二版、１９６９年）

この考え方は、初版を出版したころには「地平線にほのめく光さえみられなかった」が、第二版の時点で「多かれ少なかれ不可避」なものだとされる。以降、同書は折に触れ改訂されロングセラーとなるが、1998年の最終版（第五版）までこの提言は撤回されることなく維持されている。日本でも各版ごとに翻訳が出版され、もっとも人口に膾炙した経済学者の一人となってきたが、どうしたわけか残念ながら彼がベーシック・インカムを提言していたことは日本ではほとんど知られていない。

雇用の限界と『未来の仕事』

対照的に北米やヨーロッパでは、ガルブレイスと同じように、技術革新に伴う必要労働量の減少という事態からベーシック・インカムを根拠づける発想は広がりをみせている。

イギリスで生まれ、アメリカで市井のエコノミストとして活躍したロバート・セオボルドは1963年に出版した『自由人と自由市場』で、大人一人年間1000ドル、子ども一人年間600ドルのベーシック・インカムを提唱した。これは成人二人子ども二人の家族で考えた場合に、おおよそ当時の貧困線に該当する金額である。

また、彼は1966年にはその名も『保証所得』という本を編集し出版している。この本では、労働経済学者ベン・セリグマンの他、セオボルドなど数人が技術革新によって失業が増大することを論じている。ヴェブレンの流れをひく制度派経済学者のC・E・エアーズも寄稿しているが、彼は1952年から保証所得を主張している（コラム⑤‐2参照）。

興味深いのは、保証所得が環境保護に資するという論文のほか、所得が保障されることで人々が創造的な活動に従事できるという論文が含まれており、貧困の解消や労働インセンティブといった議論とは異なった新しい視点が提示されていることである。後者にかかわっては、『自由からの逃走』などで有名な哲学者エーリッヒ・フロムや、著名なメディア論者H・M・マクルーハンなどが寄稿している。

同じく市井のエコノミストでイギリスを中心に活動しているジェイムズ・ロバートソンも、ベーシック・インカムを主張してきた。彼は1980年代のヨーロッパにおける長期失業を背景に、仕事を雇用と同一視し、雇用を通じて所得を得ることを当然視する考え方を批判する。完全雇用の追求が非現実的であり、ベーシック・インカムの導入が不可避であるという認識はガルブレイスと同じであるが、ガルブレイスにない新たな視点としては、そもそも雇用という形態は仕事のあり方として限界を抱えているとして、別の仕事観を提示していることである。

『未来の仕事』と題した1985年に出版された著作で、「雇用としての仕事を組織する産業時代の方法」を以下のように批判する。第一に、雇用は家庭と仕事を乖離させ、また仕事をするうえでの当人の独立性を損なってきた（依存としての雇用）。第二に雇用は男性的で非人格的なものとして組織されてきた。第三に、雇用中心のシステムのもとで雇用されない者（失業者、主婦、子ども）は劣等感をもたされてきた（雇用の排他的性質）。第四に、雇用中心のシステムの下での分業と専門化の進展によって、「ローカルな仕事が、ますますどこか他所でなされる決定にコントロールされる」ようになったという。

ロバートソンが雇用に代わるものとして提示するのが、〈自身の仕事〉という働き方である。

〈自身の仕事〉は、目的のある重要な活動、そして人びとが自分自身で組織しコントロールする活動を意味する。それは、有給かもしれないし無給かもしれない。それは人びとが個々人として、また世帯メンバーとしておこなう活動である。それは、いっしょに働く人びとのグループによっておこなわれる活動である。それはまた、特定の地域に住んで、ローカルな必要にあわせてローカルに働く人びとによっておこなわれる活動である。個人と世帯にとっては、自身の仕事は、自己雇用、世帯と家族に必要不可欠な活動、ドゥ・イット・ユアセルフとか自分自身の食糧の一部を育てるとかいった生産的な余暇活動、そしてヴォランタリーな仕事への参加を意味するだろう。グループにとっては、自身の仕事は、たぶんコミュニティ事業体か協同組合で、あるいはそのほか個人的な関心があって個人として重要だと思う、社会的、経済的、環境的、科学的などなどの目的のあるさまざまの活動で、パートナーとしていっしょに働くことを意味するだろう。地域にとっては、自身の仕事の重要性は、それが、ローカルな自立と、ローカルな仕事によってローカルな必要をみたすローカルな能力の増大と、外部の雇用者や供給者への依存の減少に貢献することにある。

（ロバートソン『未来の仕事』、１９８５年）

単に雇用の減少をベーシック・インカムで補うだけでは、第一に、雇用に従事する者とそれ以外の者のあいだの分断、第二に、市場での消費中心の生活スタイルは変わらないだろう。前者は雇用に従事しない／できない者に劣等感を抱かせ続ける点でそれ自体望ましくないが、それだけではない。被雇用者のあいだにベーシック・インカムの財源負担への不満を募らせる結果となる。このことは、後者がベーシック・インカムとして給付すべき額が高止まりする結果を招くことと相まって、ベーシック・インカムの持続可能性に黄信号をともすこととなる。

これに対して、自身の仕事を増大させようというロバートソンの方向性は、第一に、労働=雇用という価値観のもとでの、労働者/非労働者という分断を解消し、第二に、市場での消費が生活に占める割合を減らすことで、生活に足る所得としてのベーシック・インカムの給付額も低いもので十分となる可能性が生じる（前掲書）。

このようにガルブレイスが先鞭をつけた、雇用量の減少という不可避の方向性の先にベーシック・インカムを位置付ける議論は、今ではその先に新しい働き方のあり方を展望する議論へと発展している。

ガルブレイスでは先の引用のように、「雇用できない人」という残余カテゴリーであった、賃労働に従事しないという選択を、よりポジティブな意味をもつものとしてこれらの議論は定義し直しているのである。これらの点は、第2章で紹介した女性たちの運動が家事労働などの不払い労働の可視化を行ったこととも対応している。

5-3　誰がフリーライダーなのか？

アトキンソンの参加所得

もし、家事労働やその他の不払い労働も労働であることが認められたならば、経済学でしばしば発せられるフリーライダー（ただ乗り）問題も違った様相をみせることになる。

寛大な福祉給付は、労働（＝賃金労働）せずに給付に依存する人間を増大させる、というのが通常語られるフリーライダー問題である。しかし、不払い労働を視野に入れると様相は一変する。第2章でみた子どもを6人育てながら福祉給付を受けているシングルマザーは、通常の議論ではフリーライダーだとされるが、彼女は立派に子育てという労働をやっておりフリーライダーではない。こうした議論に一見ふさわしく思われる提案として条件付きのベーシック・インカムがある。

イギリスの経済学者アトキンソンは、公共経済学の立場から第1節で触れたBI／FTについて考察を進めてきた（＊6）。その上で、長く提唱されているにもかかわらず、いまだベーシック・インカムが現実の制度として導入されない理由として以下の二つを挙げる。すなわ

＊6　例えばAtkinson (1995). Anthony B. Atkinson (1944-) は不平等の分析に一貫して取り組んできた。以下で触れる参加所得についてはAtkinson (1993).

ち社会保険に対する人々の高い支持と、ベーシック・インカムが無条件に給付されることへの嫌悪感ないし危惧である。

このベーシック・インカムの（経済的ないし制度的不可能性ではなくて）政治的不可能性ともいうべき事柄を回避し、ベーシック・インカム的な方向へ制度を変えていくために、アトキンソンは「参加所得」と呼ばれる「妥協」案を提示する。それは資力調査をしない点や、個人単位で給付するという点ではベーシック・インカムと同じだが、社会への何らかの貢献・参加を給付の要件とするというものである。具体的には、

▼被雇用者ないし自営での労働
▼疾病や怪我による労働不能
▼障害による労働不能
▼失業
▼教育や職業訓練への参加
▼子ども・高齢者・障害者などの被扶養者のケア
▼ボランタリー・ワーク

などへの参加が例示される。

さらにアトキンソンは「ベーシック・インカムを社会保険の代替案と考えるのは誤りであり、ベーシック・インカムと社会保険は相互補完的であると考える方が生産的だ」という。通常、社会保険と公的扶助からなる仕組みをベーシック・インカムで置き換えると発想するところを、彼は公的扶助をベーシック・インカムがほぼ代替する形で挿入される、すなわち基礎的な所得保障がベーシック・インカムで行われ、二階建て部分が社会保険方式で行われるような制度を考えているようである。公的扶助も（少なくとも当面は）廃止されるわけではないようである。

そもそもベヴァリッジ報告で公的扶助が例外的かつ一時的なものだと位置づけられていたように、現在の文脈で公的扶助を例外的なものにとどめるためには、ベーシック・インカムが必要だというのである。EUレベルでの最低所得の保障は、公的扶助ではなくベーシック・インカム（もしくは参加所得）で行われるべきだとアトキンソンは主張する。イギリスの文脈での現実的な提案としては、所得控除の全廃、社会保険料の所得比例部分の上限の撤廃、累進税率の維持、すべての子どもへのベーシック・インカム、成人への参加所得といった負担と給付の組み合わせを提示する。

ベーシック・インカムの給付を、無償の社会サービスの遂行と結び付ける参加所得の提案は、アメリカの経済学者サミュエル・ボールズとハーバート・ギンタスによっても支持されている。支払いに値する無償労働と、そうではない無償労働を誰が決めるのかについて、アトキンソンは寡黙だが、ボールズとギンタスは、政府ではなく非営利団体が決めるという提案をしている（＊7）。

さて、アトキンソンにおいては「妥協案」として提示される参加所得だが、不払い労働の評価などを求める立場からは逆に、ベーシック・インカムよりも本質的に優れたものとして認識される可能性もある。ただこの立場からは、たとえば賃金労働に従事し不払い労働をしない者と、不払い労働に従事し賃金労働につく時間のない者とが同額の参加所得を得ることになお不満が残るだろう。

さきほどのフリーライダーというレトリックの例でいえば、シングルマザーがフリーライダーではないということは事態の半面に過ぎない。例えば家事育児は妻に任せっきりのビジネスマンはフリーライダーではないのかという問いへと接続していく。この点を推し進めていくと、ビジネスマンに給与とベーシック・インカム（ないし参加所得）の二重取りを許さない、ケア給付金のようなものが望ましいということになるかもしれない。ここまでくるとベーシック・インカムとは大分異なってくるので本書では触れない。

興味深いのは、第２章で触れた運動は、家事労働への賃金をという論理で、しかし無条件のベーシック・インカムを要求していたことである。彼女たちにとっては、理念的にはケア給付金のようなものが理想であるが、具体化した場合には避けられないように思われたケースワーカーによる選別を嫌って、「妥協案」としてベーシック・インカムを要求したということなのかもしれない。

いずれにしても、家事労働など現在では不払いの活動も労働であることが認められれば、フリーライダーや労働インセンティブをめぐるこれまでの議論は一変せざるを得ない。またワークフェア的政策のこれまでの正当化も立ち行かなくなる。ベーシック・インカムは福祉受給しながら子育てに専念してきたシングルマザーをスティグマから解放するし、常に賃労働と子育ての間で時間配分に苦労してきた人たちにも余裕を与える。また、そうした不払い労働に関与してこなかったビジネスマンにも、関与する選択肢を与えるだろう。

＊7　Bowles & Gintis (1998).

ただし、ベーシック・インカムができるのは選択肢を与えることだけで、これまで他人の不払い労働に「ただ乗り（フリーライド）」してきたビジネスマンは、ただ乗りを続けたままベーシック・インカムをもらうことができる。この意味でベーシック・インカムや参加所得がそれ自体不払い労働におけるフリーライダー問題を解決するわけではないが、既存の福祉国家や昨今のワークフェア的方向性よりはましだとはいいうる。

5－4　給付型税額控除――現実化した部分的ベーシック・インカム？

興味深い動向

さて、負の所得税やベーシック・インカムなどの提案は、北米では保証所得という名前で人口に膾炙し、コラム5－1でも紹介するように多くの経済学者によっても望ましい政策とされた。政治的にも導入一歩手前までいった。

共和党のニクソン大統領が、対立する民主党ジョンソン政権時代の福祉改革の立案者モイニハンを起用し青写真を描かせたのが、家族援助計画（以下FAPと表記、＊8）である。これは児童のいる低所得世帯に限った負の所得税の提案であった。1969年に提案され翌年下院で可決されたにもかかわらず、主に南部保守派の抵抗にあい、実現にはいたらなかった。なお第2章で触れたNWROのシングルマザーたちも公聴会などに呼ばれたのだが、額の低さなどに反発し反対した。1972年の大統領選挙では民主党のマクガバン候補がデモグラントという名前でベーシック・インカムを唱えたが敗北した。

しかし、部分的な負の所得税ともいえる低所得者向けの給付型の税額控除の制度はその後アメリカやイギリスなどで導入されてきている。アメリカでは稼得所得税額控除（以下EITCと表記、＊9）と呼ばれる制度が1975年に導入された。導入時には子どものいる労働者のみに対する時限立法であったが、事後の還付のみならず事前給付も導入されるなど、徐々に制度は拡大し、現在では少額ながら子どものいない労働者にも給付されている。

例えば2007年度では、子ども二人世帯で稼得所得の最高40％が給付される。2004年時点で控除を受けている世帯数は約2000万世帯。捕捉率は調査によって差があるが60〜80％近くに上るとみられ、子どもが一人か二人いる世帯に限ると90％以上の捕捉率とする

＊8　Family Assistance Plan.
＊9　Earned Income Tax Credit.　同制度については、根岸（2006）が詳しい。

データもある（日本の生活保護制度の捕捉率は20％程度、受給世帯数は約１００万世帯に過ぎないことを思い出してほしい）。さらに全米で20州近くが州単位で同様の制度を実施している（ただしこのうち数州は非給付型）。

イギリスでは、労働党政権下の１９９９年に就労家族税額控除と障害者税額控除が、２００１年に児童税額控除が導入された。２００３年にはこれらが、就労税額控除（以下ＷＴＣと表記）と児童税額控除（以下ＣＴＣと表記、＊10）に改変されている。ＷＴＣは、25歳以上で週30時間の就労が条件である。また16歳以下の子どもがいたり、障害者の場合には、16歳以上で週16時間の就労が条件など、年齢や就労要件が緩くなっている。ＣＴＣは16歳以下の子ども、または19歳以下の学生がいることが条件である。両制度をあわせて２００４年で約５８８万世帯が受給し、捕捉率は２００３年で87％台だという（なおイギリスは日本の生活保護にほぼ該当する所得支援制度の捕捉率も80％を超えている）。

例えば課税後の稼得所得が週70ポンドだとした場合、単身世帯はＷＴＣで約50ポンド、ひとり親世帯でＷＴＣとＣＴＣ合わせて約１００ポンドの給付を受ける計算となる。最低賃金が話題になるときに、よく国際比較で日本の方が欧米各国より低いといったことが話題になるが、その時に示される金額にはこの給付型税額控除は入っていない。これが導入されている国との実際の所得の差は最低賃金の額面の差より大きいのである。
このような給付型の税額控除は、アメリカ、イギリスの他にはフランス、ニュージーランド、スロバキアなどで導入されている。アメリカ、イギリスともに、「福祉から就労へ」というワークフェア的な方向性のなかで実現化した仕組みである。労働インセンティブを重視した所得保障制度という意味でも、フリードマン流の負の所得税の部分的実現と捉えてよいだろう。アメリカの制度は就労していることが条件だが、イギリスの場合CTCのように就労が条件ではない仕組みも誕生するなど、ともかく興味深い動向である。

5-5 ベーシック・インカムと税制

財源を問う議論は単なる〝恫喝〟

ベーシック・インカムの話をするとしばしば出てくるのは「財源はどうする?」という質

*10 それぞれ Working Tax Credit, Child Tax Credit. 同制度についての記述は、田中(2007)に主に基づく。

問である。奇妙なのは、お金がかかる話すべてに財源をどうするかという質問がされるわけではないことである。国会の会期が延長されても、あるいは国会を解散して総選挙をやっても、核武装をしようと思っても、銀行に公的資金を投入するのにも、年金記録を照合するのにも、すべてお金がかかる。だからといってこうしたケースでは「財源はどうする！」と詰め寄られるということはまずない。

こうしたなかで特定の話題（生活保護などの福祉給付やベーシック・インカムなど）にのみ財源問題が持ち出されるあり方を見ていると、財源の議論を持ち出す動機は往々にして、財源をどう調達するかについて議論したいのではなく、単に相手を黙らせたいだけであると思わざるを得ない。

普通選挙制を行うことにも、公教育制度をとることにも予算がいる。しかし財源問題をたてにこれらのことを行わないことにはならない。なぜならそれが必要だという合意があるからである。それが必要だという合意があれば、他の予算を削ったり、増税したり起債したりして、それに見合う財源を調達すれば良いだけの話である。

以上のことを前提とした上で、ベーシック・インカムと税制についてどのような議論があるかを紹介しよう。何といっても、どのような租税が望ましいかについての議論は、どのような社会を望ましいと考えるか、またどのような仕組みを公平と考えるかに繋がっており、その点で、ベーシック・インカムなどの所得保障の議論と密接に繋がってくるのだから。

定率所得税派

第1節後半で、BI/FTという経済学者の提案を紹介した。ベーシック・インカムと定率所得税の組み合わせが労働インセンティブを阻害しない福祉と税制のシステムだという議論である。この立場は、必ずしも定率所得税のみでベーシック・インカムの財源を賄わなくてはならないということを論理的には導かないが、そのように想定されることが多い。

労働インセンティブの増大という動機以外に、個人と国の間のお金の出入り（租税と社会保障給付）の合理化という動機で、類似の提案に至る議論もある。社会保障も税金も個人と国のあいだのお金の行き来である。保険料も所得税も、個人から国へ、というお金の流れである。逆に社会保障の給付に加え、税制における所得控除や税額控除は、論理的には国から個人へというお金の流れである。たとえば税制上の扶養控除のうち、児童に関わる部分と、社会保障における児童手当は政策目的として一緒なのだから統合したほうが効率的ということになる。

また労働インセンティブの増大や租税・社会保障の合理化を最大の目標としなくても、ベーシック・インカムの財源を定率所得税で賄うという発想は、ベーシック・インカムの財源論のなかでは最もよく議論されている。例えば日本での試算を行っている小沢修司の議論や、イギリスのベーシック・インカム推進ネットワークである「市民所得トラスト」での提案などもそうである。

再分配重視派

ベーシック・インカムと定率所得税の組み合わせでは、高所得者層は、絶対的にはともかく相対的には現行制度より税負担が軽くなる。再分配を重視する立場からは、ベーシック・インカムと累進所得税を組み合わせるべきという意見もある。第2章で紹介したような1970年前後の社会運動は、租税論や財源論にはそれほど踏み込まなかったけれども、累進所得税を疑ってはいなかったように思われる。また近年ではアメリカの哲学者リアム・マーフィーとトマス・ネーゲルが、租税における正義を論じた本の中でベーシック・インカムと累進所得税の組み合わせを提言している（＊11）。

消費税派

消費税によってベーシック・インカムを賄うべきだという人たちもいる。より正確にいえば、所得税や法人税を廃止し、消費税に一本化する税制改革とベーシック・インカムとを結び付けようというのである。その理由はまず第一に、投資→生産→消費という経済活動のなかで、所得税や法人税は途中の段階でかかる税で経済活動を歪めやすいが、消費税への一本化は、経済活動の最終段階でのみ税がかかるので、経済活動を歪めにくいという。

法人税が廃止されることで企業が今より得をするのではないか、また消費税が高率となることで物価が上がるのではないか、という懸念に対しては、現在の法人税でもその負担分は財・サービスに転嫁されており、現実には消費者が負担していると説明される。法人税であっても税の帰着は消費者にあるのだから、それが消費税に代わっても、誰が負担しているかは変わらず、その透明性が高まるだけだという。

この第一の理由を経済学的な理由といえるとすれば、第二の理由はより哲学的なものである。社会的な価値を生み出すことに課税すべきではなく、生み出された社会的価値を消費す

＊11　詳しくは山森（２００７）を参照。

ることに課税すべきだというのである。この観点からすると、所得税や法人税は価値を生み出すことへの課税なので好ましくなく、消費税の方が理にかなっているとされる。

こうした消費税論とベーシック・インカムを結びつける議論はドイツで盛んに論じられている。ドイツの薬局チェーンのオーナーのゲッツ・W・ヴェルナーや、経済学者ではウォルフガング・アイヒホルンがこうした立場である（＊12）。またドイツでベーシック・インカムを推進する団体「完全雇用ではなく自由を」の中にもこの立場に賛意を示す人たちがいる。さらに第三の理由として、政治的な理由があるだろう。すなわち所得税や法人税、固定資産税などに比べて、消費税の方が増税しやすいのではないかという考え方である。

環境重視派ほか

前述のロバートソンは、既存の成長重視の経済学をのりこえる試みをイングランド緑の党のポール・エキンズらとも行うなど、環境問題にも取り組んできた。１９９０年代に入って、労働や社会的排除、再分配の問題としてのベーシック・インカムと環境問題を結びつけて考えるようになり、そうした立場から１９９４年に税制とベーシック・インカムについての包括的な提案を行う。

その提案によれば、まず既存の所得税、法人税、付加価値税などは全廃される。それらは個人なり企業が生み出した価値への課税である。あらたに価値を生み出すことになぜ課税をするのか。そうではなくて地球上の希少な資源の利用や環境汚染にこそ課税をすべきだというのがロバートソンの主張である。具体的には地価税とエネルギー税を提唱する。地価税とは、その土地の賃貸価格（地代）に対する課税である。エネルギー税は、石炭、石油、天然ガス、原子力などの使用に対する課税である。いずれの税も地球上の希少な共有資産を利用することへの、つまり地球から価値を引き出すことへの課税として位置づけられる。このような議論は、第４章でみた、18世紀にペインやスペンスが、共有資産の土地を私有・占有することへの課税と、それを財源とするベーシック・インカムを唱えたことを思い出させる。その意味でベーシック・インカム論の歴史の正統に位置する議論といえるかもしれない。

さらには炭素税など類似の形態の環境税や、国際通貨取引への課税であるトービン税などを地球規模のベーシック・インカムの財源にする議論もある。これについては次章で触れることにしよう。

＊12　ヴェルナーの編著書 Werner（2006）に詳しい。

働かざる者、食うべからず――。

*　*　*

ベーシック・インカムへのこの批判に対して、本章で見てきたように経済学者たちは実に興味深い回答を行っている。また昨今の日本では経済学者といえば、福祉や社会保障に関しては、それらへの政府支出をどのように減らすかという提言をするものと相場が決まっている。そんななかで答えを聞くというよりは相手を黙らせるために持ち出されるのが財源論であった。

ノーベル経済学賞受賞者のフリードマンは、ベーシック・インカム型の政策である負の所得税を提案し、その方が既存の保険・保護モデルより安上がりだという興味深い主張をしていた。また財源論とは別に、どのような税制と社会保障の組み合わせがより公正なのか、あるいは効率的なのか、といった議論は深められてきており、ベーシック・インカム型の政策との組み合わせとして、さまざまな税制が議論されてきている。

そうした議論のなかにはベーシック・インカムの主目的と考えられてきた貧困の解消や男

女平等の実現のみならず、他の社会問題の是正とも絡んで議論されているものもある。そのうち最も広く議論されているのが、環境問題とのかかわりである。これについては次章でみていくことにしよう。

｛第５章のまとめ｝

▼既存の福祉国家の仕組み（保険・保護モデル）には、貧困の罠など、（賃金）労働へのインセンティブを損なう要素があると、経済学者たちは主張してきた。

▼より労働へのインセンティブを高めつつ所得を保障しうる制度として、負の所得税などのベーシック・インカム型の政策が対案として、経済学者たちによって提唱されてきた。

▼技術革新などの結果、社会が必要とする労働量は減少傾向にあり、雇用を前提とした既存の福祉国家の仕組み（保険・保護モデル）は立ち行かなくなってきていると、一部の経済学者たちは主張してきた。

▼必要労働量が減少する社会により相応しい所得保障の仕組みとしてベーシック・インカムが議論されてきた。

▼ベーシック・インカムの無条件性は政治的な支持を得にくいだろうという立場から、社会への何らかの貢献を条件とする参加所得を提唱している経済学者もいる。

▼ベーシック・インカム型の政策は部分的に導入されてきており、イギリスやアメリカの給付型の税額控除はその一例である。

▼ベーシック・インカムと税制の関係について、定率所得税、累進所得税、消費税、環境税などが議論されている。

【コラム⑤-1　ベーシック・インカムを主張するのはマイナーな経済学者?】

ときどき日本の「主流派」経済学者からベーシック・インカム的なものを主張する経済学者はいるのか、いたとしてもマイナーな人物ではないかと聞かれることがある。フリードマンもスティグラーもノーベル経済学賞を受賞しているが、同賞の受賞者のなかでは前述のミードに加え、ジェームズ・トービン、ハーバート・A・サイモンも主張している。また本文でも紹介したように、同賞受賞者のスティグリッツが書いている経済学の教科書にもBI/FTが「累進的定率税」として紹介されている。ノーベル経済学賞は評価が分かれる賞かもしれないが、すくなくとも彼らをひっくるめてマイナーないし異端と片付けるのは無理があろう。

また、特定の経済学的ないし政治的立場からのみ支持があるわけではない。フリードマンは、ネオリベラルを自称したように、自他共に認める右派の経済学者である。ガルブレイスは、市井の経済学者テオポルドにこそ「極端な保守」と批判されたが、アメリカの講壇経済学者のなかでは、むしろ左に位置する代表的な経済学者と目されてきた。フリードマンは、あるインタビューで経済学者間の処方箋の相違を皮肉られた時に、ガルブレイスとの間にだって一致点はある、と答えている。

このことはフリードマンの反対の極にガルブレイスがいると社会が位置づけているとフリードマンが考えていたということと、にもかかわらず一致点があることをフリードマンが認識していたことを示している。そうした一致点の一つが、負の所得税をふくむ広義のベーシック・インカム（当時は保証所得と呼ばれていた）の提唱であった。１９６８年5月には、アメリカの経済学者ポール・サミュエルソンやトービン、ガルブレイスらは、１２００人を超える数の経済学者とともに、保証所得が経済的に実現可能でかつ望ましいとする声明を出している。全米１２００人の経済学者たちを、マイナーであるとか特定の学派なり政治的立場からと片付けるのも無理があるだろう。

【コラム⑤-2　ベーシック・インカムの断絶史】

ベーシック・インカムは繰り返し歴史に現れてくるが、継承とともに断絶も多い。本書では糸を繋ぐことに力点を置いて叙述しているが、断絶の方がより特徴的なのかもしれない。

たとえば現在ベーシック・インカムに着目している学者たちのほとんどは、第2章で紹介したような運動を知らないか、無視している。象牙の塔の内側に限っても、例えば英語圏の経済学者や哲学者が、本書第3章で触れたような思想家に言及することはほとんどない。日本の制度化された学問において、学史的・思想史的研究の誇るべき伝統があるが、残念ながら第4章で触れたような思想家たちがベーシック・インカムないしベーシック・インカム的な主張をしていたことはほとんど言及されてこなかった。

例えば（経済学・政治学・哲学を問わず学史的研究において研究対象として確固

たる位置を占めているように思われる）ジョン・スチュアート・ミルは第４章で触れたようにベーシック・インカムに言及しているのだが、そのことが顧みられることはほとんどないように思われる。その他にも忘れられた思想家とも呼ぶべき人たちが沢山いるのだろう。本章第２節で触れたエアーズもその一例だろう。かれはヴェブレンの流れを汲むアメリカの制度派経済学者で、１９５２年に「基本独立所得」という名前で保証所得的な提案を行っているのだが、なぜか昨今のベーシック・インカム研究のなかでほとんど顧みられることはない。

第6章　〈南〉・〈緑〉・プレカリティ

——ベーシック・インカム運動の現在

前章まで、ベーシック・インカムは現行の福祉国家の対案として議論されてきたこと（第1章）、実際に福祉受給者や女性たちの運動のなかで要求されてきたこと（第2章）、そうした運動から新しい思想が生まれてきたこと（第3章）、そして200年あまりにわたる長い議論の歴史があること（第4章）、経済学者たちの中でも議論されていること（第5章）を見てきた。最終章となる本章では、ベーシック・インカム要求をめぐる運動の現在を、〈南〉・〈緑〉・プレカリティという三つのキーワードを軸に紹介することにしたい。

まず第1節では、ベーシック・インカム世界ネットワークの最新の大会の様子の紹介を手がかりとしながら、世界でのベーシック・インカムをめぐる議論の現在を押さえつつ、先進国だけではなく、いわゆる発展途上国あるいは〈南〉の国々でのベーシック・インカムをめぐる動向を紹介する。

第2節では、〈緑〉という言葉で象徴される、1968年以降の新しい社会運動とその中で育まれた価値とベーシック・インカムとの関係の現在について概観する。環境重視の志向からすると貨幣中心の経済は批判の対象となるべきであって、ベーシック・インカムのような貨幣経済に毒された思考の産物は支持されないのではないのか、という疑問があるだろう。しかし、ことはそう単純ではない。

第3節では、第2章で触れた女性たちの運動のその後や、グローバリゼーションのなかで新たに生まれた運動のなかでのベーシック・インカム要求について紹介する。今、ベーシック・インカムを唱えるどのような運動が展開されているかをみていくことにしよう。

6-1 ベーシック・インカム世界ネットワークと〈南〉

ベーシック・インカム世界会議

2008年6月、アイルランドの首都ダブリンにて、ベーシック・インカム世界会議が開かれ、各国から政治家、学者、宗教関係者、環境保護活動家、貧困・開発・女性問題などのNGO関係者を中心に300人近くが集まった。主催は「ベーシック・インカム世界ネットワーク（Basic Income Earth Network, 以下BIENと表記）」。この団体は、当初「ベーシック・インカム欧州ネットワーク」として1986年に発足した。

これに先立って、イギリスでは第2章で触れた要求者組合運動にかかわり、後に学者となったビル・ジョーダンや、キリスト教関係者などが中心となって「ベーシック・インカム研究グループ」を作っていた。大陸欧州では長期失業を背景に、ベルギーではフーリエ・コレクティヴという知識人集団がベーシック・インカムについて議論していたし、オランダでは失業者運動のなかでベーシック・インカムが議論されていた。またドイツやフランスの知識人たちもベーシック・インカムないしベーシック・インカム的な提案を議論しだしていた。

こうした機運を背景に成立したのが欧州ネットワークである。以後、隔年で国際会議を開催し、２００４年にバルセロナで開かれた大会で、世界ネットワークへと名称が変更され、今日に至っている。

ダブリンでの会議は欧州ネットワーク時代からの通算で12回目の会議となる。世界規模でのベーシック・インカムをめぐる議論の今の一端に触れるとっかかりとして、この会議にどのような人たちが参加し、どのような議論が行われたかを概観しよう。二日間の会議には世界各地から３００人近い人たちが参加した。ヨーロッパおよび北米諸国はもとより、メキシコ、ブラジル、アルゼンチン、南アフリカ、日本などから参加者があった。

初日朝のオープニングセッションで最初に登壇したのは、イギリスの社会政策学者ピーター・タウンゼントである。彼は1950年代から1970年代にかけて、「相対的貧困」概念を提唱、精緻化し、先進国での「貧困の再発見」の流れの一端を担い、その後は世界規模での貧困問題に取り組んできた。次に登壇したのは、イギリス生まれでアメリカで活躍しているフェミニスト理論家で政治哲学者のキャロル・ペイトマンである。彼女は自由民主主義社会において、実際には女性の参加が限られていることを絶えず問題としてきたが、近年では全ての人の社会への十全な参加のためにはベーシック・インカムが必要であると論陣を張っている。もう一人はメキシコの首都メキシコ・シティで社会開発関係の要職にあるパブロ・ヤネスである。彼はメキシコやボリビアでの動向などを紹介しながら、＜南＞からのベーシック・インカムへの視座を提供しようと試みた。

その後10の分科会が昼食を間に挟みつつ行われ、夕方のセッションでは、どのようにベーシック・インカムは実現できるかが議論された。興味深かったのは登壇者の二人が現役の政治家それも国会議員であり、互いに政治的に正反対の立場からのベーシック・インカム論だったことである。

一人はドイツの国会議員で左翼党副党首のカーチャ・キッピングであり、ドイツの著名な革命家ローザ・ルクセンブルクを引き合いに出しつつベーシック・インカムを正当化し、また彼女の立場からすれば「右」に位置する社会民主党がベーシック・インカムよりも雇用に執着しワークフェア政策を導入してきたことを批判する。

もう一人はカナダの保守党所属の国会議員ヒュー・シーガルで、前章で触れたフリードマンなど「右派」の論客の議論を参照しつつベーシック・インカムを正当化し、また、カナダでは左右を超えてベーシック・インカム導入への機運が高まっていることを紹介した。実際、会議にはカナダから多数の参加者がみられ、保守党とは政治的立場がかなり異なる社会民主党所属の国会議員の他、緑の党の政治家、貧困撲滅をめざすNGOや、フェミニストの学者、宗教関係NGOなど多様な人々が参加していた。

その日の夜はアイルランド環境大臣ジョン・ゴムレー主催の歓迎レセプションが環境省庁舎で開かれた。彼が所属する緑の党はベーシック・インカムを綱領に掲げている。この大会にはアイルランド緑の党のほか、イングランド&ウェールズ緑の党、カナダ緑の党などから参加があったが、緑の党とベーシック・インカムについては次節で詳しくみることにしよう。

二日目は15の分科会が行われたが、昼食前には〈南〉におけるベーシック・インカムについて、アイルランド外務省海外援助担当相ピーター・パワー、ブラジル社会開発・飢餓との闘い省のロサニ・クンハ、南アフリカ社会開発副大臣ジーン・スワンソン＝ジェイコブズら、政府要職にある人々によるセッションが挟まれた。最後のセッションでは、ベルギーの政治哲学者フィリップ・ヴァン＝パレイスや、ＩＬＯで要職にあったガイ・スタンディング、ブラジル上院議員エドュアルド・スプリシといった、これまでＢＩＥＮを中心になって引っ張ってきた面々、そしてホスト役のアイルランド宗教者会議正義委員会代表ショーン・ヒーリーなどが発言し、二日間にわたる議論を締めくくった。

全部で25あった分科会は、ブラジル、カナダ、ヨーロッパといった地域ごとのものや、ジェンダーとケア、年金とベーシック・インカム、税制とベーシック・インカム、環境とベーシック・インカム、人生の意味とベーシック・インカムといったテーマ別のもの、自由や相互性の問題、地球規模の正義理論など、哲学的なもの、実現可能性をめぐっての制度的なものなどが開かれ、それぞれ熱心な議論がたたかわされた。

またこの二日間の会議に先立って、アイルランド宗教者会議正義委員会主催のベーシック・インカムをテーマにした社会政策会合も同じ場所（ユニバーシティ・カレッジ・ダブリン）で開かれた。経済学者による試算のほか、財界や労働組合からベーシック・インカムをどうとらえるかといった報告があった。アイルランドでは１９９０年代後半からベーシック・インカム導入をめぐる議論が活発化しており、２００２年にはベーシック・インカムについての政府白書まで出版されている（第1章参照）。こうした事情を反映して盛況であった。

BIENは個人加盟の組織だが、各国にネットワーク的団体がある場合、緩やかな連携が取られている。BIENによってこのダブリン会議前までに承認されていた各国団体は、前述のイギリス（1984年結成：以下いずれも結成年）に加え、アルゼンチン（2004）、オーストラリア（2002）、オーストリア（2002）、ブラジル（2004）、デンマーク（2000）、ドイツ（2004）、アイルランド（1995）、オランダ（1991）、スペイン（2001）、スイス（2002）、アメリカ（1999）の12ヵ国であった。

日本では2007年よりネットワーク設立に向けた動きが始まった（ベーシック・インカム日本ネットワーク準備研究会）が、ダブリン会議に引き続いて行われたBIEN総会の場で、カナダ、イタリア、メキシコとともに日本も承認された。

ベーシック・インカム概念の精緻化と複数性

BIENの20年間あまりにわたる活動を通じて、ベーシック・インカムをめぐる議論が学問的精緻化を遂げたことは疑いをいれない。ヴァン＝パレイスら分析的政治哲学者の議論を下敷きにしつつ、ＢＩＥＮは次のようにベーシック・インカムを定義している。「ベーシック・インカムはすべての人に、個人単位で、稼働能力調査や資力調査を行わず無条件で給付される」。

第2章で検討したような１９７０年代の運動との大きな差異は、ひとつには資力調査を行わない、ということが運動の想像力をこえて論理的にもたらす帰結を積極的なものとして引き受けている点である。

１９７０年代の当事者運動は、自分たちに課される屈辱的な資力調査に反対したけれども、負の所得税的な形で機械的に行われる資力調査には必ずしも反対ではなかった。福祉権運動に結集した女性たちが、「無条件で！」といったとき、だらしのない元夫にベーシック・インカムが給付されることくらいは、ケースワーカーによる資力調査がなくなることの対価として十分理解可能であっただろう。しかし、大金持ちにもベーシック・インカムが給付されるという事態は想像すらしなかったかもしれない。

ＢＩＥＮにおいて、経済学的には同一視されることも多い負の所得税とベーシック・インカムとが明確に切り分けられているのは、政治哲学的なベーシック・インカムの意味付けの深化の結果といってもよいだろう。もう一つの差異は、本書著者との差異でもあるのだが、生活に足る所得という規定がないことである。これらはヴァン＝パレイスの政治哲学書『全ての人に本当の自由を』での議論に基づいている。

興味深いのは、各国ネットワーク団体の定義は、このBIENの定義とは微妙に異なることもあることである。例えばドイツのネットワークは、本書同様、「生活に足る」という定義は欠かせないという立場を取っている。またアメリカのネットワークでは、資力調査なしでというものの、負の所得税も含む形でベーシック・インカム保障を考えている。つまり第2章で触れたような1970年代の保証所得の議論をそのまま引き継いでいる。

ベーシック・インカムと〈南〉

ダブリン会議でも大きな焦点が当てられた〈南〉からの視座だが、いくつかの動きが既に日本にも紹介されている。南アフリカでは2000年代前半に、ベーシック・インカム導入が真剣に議論された（＊1）。こうしたこともあって、2006年にはBIENが欧州ネットワークではなく、世界ネットワークとなって初めての世界会議がケープタウンで開かれた。

ブラジルでは前述の上院議員スプリシが熱心に活動を続け、彼自身創立メンバーの一人である労働者党から、1991年に初めて上院議員として選出されたのち、直ちに負の所得税法案を議会に提出する（＊2）。2003年に労働者党のルラ政権が成立すると、市民ベーシック・インカム法案をスプリシは取りまとめ、2004年に可決される。

しかしながら、廣瀬純が詳しく分析しているように、またスプリシ自身認めているように、実際にはベーシック・インカムではなく公的扶助的な制度としてしかまだ機能していない。引き続きスプリシらによる運動がつづくなか、次回のBIEN世界会議はブラジルで開かれることになっている。くしくもその2010年は当地では大統領選挙の年でもある。もし労働者党からベーシック・インカムを本気で導入しようとする候補者が現れないなら、スプリシ自らが立候補する可能性もある。また、ダブリン会議でのスタンディングの報告によれば、ナミビアのある村では、国際機関の援助で実験的に2008年から2009年にかけてベーシック・インカムが支給され始めている。

世界規模でのベーシック・インカムという議論も登場している。イタリアの若手研究者のジャンルカ・ブシラッキは、「地球ベーシック・インカム」を提唱する。温室効果ガス排出

＊1　牧野（2002）。
＊2　廣瀬（2007）。

への課税を財源とするのが彼の提案である。オランダの「グローバル・ベーシック・インカム財団」も「地球配当」を提唱している。いずれも環境問題と貧困問題をグローバルな視点で結び付けようという点で共通している。

6-2 〈緑〉のベーシック・インカム

緑の党とベーシック・インカム

環境問題からのベーシック・インカムということでいうと、成長中心の社会から定常型社会への移行、生産主義的社会から脱生産主義的社会への移行というプログラムの中に、ベーシック・インカムを位置付ける議論がある。

現行の社会保障制度は完全雇用を前提としているため、そのための経済成長という発想から手を切ることができないが、完全雇用を前提としないベーシック・インカムならば、エコロジストにとっても望ましい、という論理である（第4章、図表8-4）。しばしばその証拠として環境政党としての緑の党がベーシック・インカムを支持していることが挙げられたりする。とはいえ、以上の論理は緑の党がベーシック・インカムを支持している理由の半面に過ぎない。

アイルランド、イングランド＆ウェールズ、スコットランド、フランス、ベルギー、オランダ、ドイツ、フィンランド、カナダ、アメリカなどの緑の党がベーシック・インカムを現在または過去に提唱してきた。またニュージーランドの緑の党はベーシック・インカムについて議論することを提唱している。

それでは、緑の党は実際にどのような文脈でベーシック・インカムに言及しているのだろうか。カナダの緑の党綱領は、障害者政策についての項目のところでベーシック・インカムへの支持について言及している。アメリカの緑の党の綱領がベーシック・インカムについて最初に言及するのは、以下のように女性の権利についての項目においてである（貧困撲滅の項目や、経済全般についての項目でも再度言及される）。

緑の党は、貧困を終わらせ全ての母親に尊厳と機会とを取り戻すための真の改革を支持する。母親であることによる特別な必要を満たすような革新的なプログラムの導入を求める。また、次世代を育てるという、私たちの社会にとって計算できないほどの重要性をもつ仕事を行っている人たちに給付される、普遍的なベーシック・インカム（保証所得、市民配当などとしても知られている）などの他の政策も支持する。

（アメリカ緑の党、２００４年綱領）

ニュージーランドの緑の党におけるベーシック・インカムについての議論も、おもに女性政策での文脈で行われている。ドイツでも、緑の党の女性たちが中心になってベルリンで行われている「緑の女性昼食会」で２００７年にベーシック・インカムが取り上げられたりしている。フランスの緑の党、フィンランドの緑の党などでは、失業やワークシェアリング、正規雇用から非正規雇用へという雇用環境の変化との関連でベーシック・インカムへの支持が言及されている。イングランド&ウェールズ緑の党では加えて、貧困の罠（第5章参照）の解消や、福祉受給者の尊厳を回復すること（第2章参照）が理由にあげられている。

これらから明らかなのは、緑の党がベーシック・インカムを推進する大きな理由は、女性の権利など、第2章で概観したような社会運動が唱えてきたことと重なっているということである。

例えばイングランド&ウェールズ緑の党は、その創設者の一人クライブ・ロードによれば、１９７３年の党（の前身）結成とほぼ同時期から一貫してベーシック・インカムを提唱してきた。彼や同じく党員のリチャード・ローソンによれば、彼らにとってベーシック・インカムを主張することは「犬が水辺で水に飛び込む」ように自然なことだったという。それは女性の権利や貧困との闘いなどの事柄が、彼らにとって環境問題と並んで中心的な事柄だったということである。緑の党の運動において、社会正義はしばしば主要な主張となってきたが、エコロジカルな持続可能性などと関連付けられることはほとんどなかった、とロードは振り返る。ベーシック・インカムが環境問題との関係で議論されだすのは、もっと後のことである。

緑の党＝環境保護政党という理解ではなく、緑の党＝環境、ジェンダー、平等、福祉受給者やマイノリティーの権利といった「１９６８年的」価値に基づく政党と理解することで、初めて緑の党とベーシック・インカムの歴史的な関連を正しく理解することができる。

１９６８年パリ五月革命を一つの象徴とするような１９７０年前後の社会運動の高揚のなかで、とりわけ女性たちの運動によって、ベーシック・インカム要求が出現したことを第２章で概観した。「１９６８年」的なものは多くの新しい政治を生み出したが、欧米において、議会内政治に生き残る形で今に至っているものの一つとして、１９７０年代以降各国での緑の党の結成があるのである。

第2章で詳しく紹介したようなベーシック・インカム要求運動の直接の担い手たちと、各国緑の党の中心的な担い手たちがそっくり重なるわけではないが、その論理や背景とする価値観には密接な共通点があるのである。第2章で紹介した社会運動、およびここで触れた緑の党のどちらにおいても、女性たちが多く参加し、女性やマイノリティーの権利との関係でベーシック・インカムが主張されてきているのだが、このことは英語圏、日本語圏ともになぜか容易《たやす》く忘却されがちであるために、強調しておきたい。

ベーシック・コモンズ

それにしても〈緑〉といいながら、なぜ「お金なのか」と訝る向きもあるだろう。貨幣中心の経済からの離脱こそが求められなくてはならないのではないのか。それをベーシック・インカムを要求するなんて逆行しているのではないか、という批判である。以下では第2章で紹介した運動の中での議論と、ある哲学者の議論を手がかりにこの問題を考えてみよう。

著書『自由からの逃走』で著名な心理学者で、哲学者としても知られるエーリッヒ・フロムがベーシック・インカムを肯定的に評価していたことはあまり知られていない。1955年に刊行された『正気の社会』のなかで、「人間が品位を持って存在するための基礎になる所得」はなんの「理由」がなくても与えられなくてはならないとして、社会保障制度を「普遍的な生存の保障」にまで拡大すべきだと主張する。１９６６年の論文「保証所得の心理学側面」と2年後の著作『希望の革命』のなかで、その「普遍的な生存の保障」の方法として保証所得を支持するにいたる。

保証所得をフロムが支持する最大の理由は、この制度によって「個人の自由が根本的に高められる」かもしれないからだという。人類史において人間の自由を制約してきたのは、支配者による生殺与奪の権力と、「自分に課せられた労働ならびに社会的生存の条件に服したがらないものにたいする餓死の恐怖」であったとし、ベーシック・インカムは後者を克服することによって自由を拡大するというのである。

ベーシック・インカムに対する答えられるべき疑問として、無条件の所得給付は労働意欲を減退させるのではないか、という疑問をあげ、フロムは以下のように回答する。現行の世の中の仕組みは、飢餓への恐怖を煽って（一部のお金持ちを除き）「強制労働」に従事させるシステムである。こうした状況下では、人間は仕事から逃れようとしがちである。しかし一度仕事への強制や脅迫がなくなれば、「何もしないことを望むのは少数の病人だけになるだろう」という。働くことよりも怠惰を好む精神は、強制労働社会が生み出した「常態の病理」だとされる。

フロムはさらに「保証所得の原則の特殊な変形」として、生活必需品の「自由消費」の原則を提唱する。これは「品位ある生活を送るために最小限必要なものが、現金を支払って手にはいるという仕方ではなく、支払いを必要としない無料の必要品やサービスとして得られる」というものである。

フロムはこの原則についても、無料での必需品供給は、必要以上にたくさん取ってしまう人がでるのではないかという疑問に回答する。この「欲ばり消費」もまた、不十分な所得しかないことによって消費が限られてしまう欠乏社会での心理であって、一度、必需品の自由消費が制度化されれば、いずれこのような消費はなくなっていくのではないか、という。

興味深いのは、第2章でみたイギリスやイタリアの運動でも、ベーシック・インカムとともにフロムと同様の原則、生活必需品の無料化が掲げられていたことである。イタリアの運動では、家事や育児、介護の社会化がそのなかに含まれていたし、フロムの場合にも公共交通の充実なども含まれている。したがって個人が、必需品を無料で消費するという側面だけではなく、社会的なものの新しい形がそこに賭けられていることを見て取ることができる。

社会的に共有される公共財のことを、今日の環境経済学などの議論では「コモンズ」と呼ばれたりする。この呼称は「入会地」などの共有地から来ている。第2章の運動やフロムの提案における、この社会的なものの新しい形を、ベーシック・インカムになぞらえて**ベーシック・コモンズ**と本書では呼ぶことにしよう。具体的には公共交通、公共住宅、公共の公園・緑地などの空間、そして家事・育児・介護の社会化などである。

ところで、第2章で紹介した運動とフロムの違いは、運動ではベーシック・インカムと必需品無料化とが、ともに欠くべからざる要求として出されているのに対し、フロムの場合、生活必需品の無料化が実現すれば、ベーシック・インカムは要らないかのようにも読めることである。＜緑＞の立場からしても、フロムと同様に、ベーシック・コモンズと必需品無料化だけの方が、ベーシック・インカムを導入するより良いようにも思えるかもしれない。

本当にそうだろうか。具体的な事例で比較してみよう。単純化して以下のような仮想状態を仮定してみよう。まずベーシック・コモンズのあることを前提とした上で、それに加えてベーシック・インカムだけがある社会と、必需品の自由消費だけがある社会を考えてみよう。

この場合、ベーシック・コモンズ＋ベーシック・インカムの社会に比べて、ベーシック・コモンズ＋必需品の自由消費の社会の利点は、必需品の消費量に制限がないことである。必需品に限ればいくらでも消費をすることができる。逆にベーシック・コモンズ＋ベーシック・インカムの組み合わせによる社会の利点は、例えば必需品の消費量を少し我慢して減らして、その分の浮いたお金で必需品ではないものを購入することができることである。また、そこまでいかなくても、日常の食費が1食600円だとして、1000円のイタリア料理のランチをたまには食べたいという場合、ベーシック・インカムであれば、ベーシック・インカムからであれ、他の所得からであれ、400円余分に工面すればそれを食べられる。

ところが、自由消費の社会では、何らかの所得から1000円まるまる工面しなくてはいけない。このように考えると、もしベーシック・コモンズ＋ベーシック・インカムの社会とベーシック・コモンズ＋自由消費の社会を比べた場合に、消費の自由度が有意味な形で高いのは前者である。第2章での運動の中心にいたのは、生活保護的な制度を利用せざるを得なかった人々だった。彼ら彼女たちは、制度において必需品が部分的には無料に供給されることもあった故に、そのことのもつ自由を制限する側面によく気づいていたというべきだろう。だからフロムとは違ってベーシック・インカムは手放せない要求なのである。

6-3　福祉権運動のその後とプレカリティ運動

「やられたらやりかえせ」――アメリカ福祉権運動のその後

さて、第2章で触れたアメリカの福祉権運動そのもののその後について、簡単に概観しておこう。「貧困との闘い」という言葉に象徴されるような、貧困をなくしていこうとする社会の熱気は1970年代半ばから急速にしぼんでいき、NWRO自体も1975年に解散してしまう。こうしたなかで福祉権運動の研究は、例えば1960年代から1970年代にかけての黒人女性の「歴史」という語り口でなされることが多い。1981年に出版された福祉権運動についての1983年の書評が、「権利としての福祉」という運動の名前からして、すでに当時の政治的環境に位置づけられなくなってしまっていると書き出されているように、こうした断絶史観は運動の動員数の減少や運動に呼応する社会の側の熱気の消滅など、一定の事実に基づいていよう。他方で、福祉権運動そのものがまったくなくなってしまったわけではないのも事実である。その運動の持続を以下では駆け足で辿っておこう（＊3）。

1960年代のNWRO内部には女性と男性のあいだの路線対立があったが、1972年に前述のようにティルモンが事務局長になったことに見て取れるように、女性たちのヘゲモニーが確立されていく。1960年代に福祉権運動に参加した女性たちのほとんどが黒人だったのに対して、1970年代には白人女性たちの福祉権運動への参加も増大していく。「労働組合女性連合」などのメインストリームの女性団体が、1976年にはカーター政権の福祉改革法案に対して、女性の家事労働の価値を評価していないとして抗議運動を組織した。

しかしながら、主流派のフェミニズム運動とNWROなどの福祉権運動の間には、1970年代を通じて看過しえない対立があったといわれる。それは政府による就労促進政策に対する態度である。主流派のフェミニズムはこれを女性の自立を促すものとして歓迎したのに対し、福祉権運動では、賃金労働か家事労働かについての女性の自由な選択を阻害するものと批判された。

福祉権運動のこの点での立ち位置は現在に至るまで一貫しているように思われる。例えば1987年の「母の日」に、南カリフォルニアの福祉受給者たちはワークフェアという「男性中心の視点で設計された政策によってひとり親たちが家族責任を放棄せざるをえなくなる」事態を回避すべしと、抗議行動を行った。1986年よりボストンで活動している福祉権団体の機関紙『サバイバル・ニュース』の1994年の記事には、「福祉依存が問題なのではなく、貧困とケア労働の価値を正当に認識しないことが問題なのだ」と指摘されている。彼女たちは短期的には適切な福祉給付を、長期的にはすべての人へのベーシック・インカムを求めていた。1987年に設立された「全国福祉権組合」のマリオン・クレーマーは同じく1994年に、「家の外で働きたい全ての女性は、彼女たちの家族のすべての必要を満たすことのできる賃金を稼ぐ機会を持つべきである。私たちはまた、家で子どもたちを育てる選択をした全ての女性たちの権利を尊重する」と述べている。

1990年代に左右を問わず主流派の立場となった「私たちの知っている福祉は終わりにしよう」という掛け声のもとに顕著となったワークフェア的「福祉改革」潮流への抗議行動は、前述の主流派フェミニズムと福祉権フェミニズムの距離を多少なりとも縮めたようである。1993年には「全米女性機構」の代表パトリシア・アイルランドは、前述のクレーマーと共に、「福祉改革」への抗議行動のなかで逮捕されている。1994年には著名な女性

＊3　本節以下でのアメリカの福祉権運動の叙述は、特記のない限り、Abramovitz (2000) の記述に依拠している。

芸術家、作家、学者、労働組合活動家などからなる「100人の女性委員会」はニューヨークタイムズに「貧しい女性への戦争は、すべての女性への戦争！」という広告を出した。

しかし、残念ながらフェミニズム陣営が福祉改革への抗議で一枚岩だったわけではない。1996年には個人責任・就労機会調整法が成立するが、ヒラリー・クリントンに代表されるような、いわゆる「リベラル・フェミニスト」たちは、これに賛同した。この結果、第1章第4節で触れたようにAFDCはTANFへと置き換えられ、福祉への権利は廃止されてしまう。

この法律の成立をメルクマールとする一連の福祉改革は、福祉受給における就労要件の強化という点でワークフェアと特徴づけることができるのは周知の事実である。同時に本書で強調しなくてはならないのは、福祉受給における家父長制的システムへの同調要求の強化、ティルモンの言葉を借りるなら既に「超性差別主義」であった制度をさらにその方向で強化することを、この1996年の法律が行ったことである。

ティルモンの時代には、シングルマザーの世帯に同居あるいは出入りする成人男性がいればその人を扶養義務者とみなすルール（そのために深夜にケースワーカーが受給者宅を訪問したりもした）や、受給者に婚外子の出産を禁じるなどの介入があったが、いずれも法に明記されてはいなかった。ところがこの法律では、その条文に目的として、結婚の奨励、婚外子妊娠の予防、二人親家族の形成と維持の奨励などが明記されている。これらを実現するため、例えば20以上の州で、TANF受給者が子どもを生んでもその子どもの分の給付は受けられない「ファミリー・キャップ」と呼ばれる制度が導入されている。

ワークフェア的要素も家父長制的規範への屈服要求も、ティルモンの文章が私たちに知らせてくれるように、AFDCにおいても無かったわけではない。しかしながら「福祉改革」の主唱者たちにとっては事実はまったく逆に見えたらしい。「福祉改革」に影響を与えた学者たちが編集した本には、AFDCの受給に当たって彼女たちは「自活できるかどうかについてほとんど何も聞かれない」と記述されている（＊4）。

社会政策は政治的力関係で決まり、したがって何が事実かではなく、多数派が何を事実と思いたいかで決まるとするならば、現状はなかなか厳しいということなのかもしれない。多くの論者が指摘するように、AFDC受給者が「福祉の女王」と否定的に表象されバッシングを受けてきた背景に、人種差別（と性差別、階級差別の複合）を見て取ることは容易い。

＊4　Mead and Beem (2005).

そしてそれらは容易には変わらない。

こうした状況下においては、二つの方向が考えられるだろう。一つは多数派にとっても容認しやすい対案、意を尽くして説得していけば（例えば人種差別主義的な）多数派にも「救済に値する」と納得してもらえる人たちへの政策を実行可能なものとして充実させていこうという立場である。もう一つはそうした「救済に値する」「救済に値しない」という分断の政治を拒否する方向性である。本論文で言及してきた福祉権運動の側からすれば、この分断を拒否する方向性の先に、ベーシック・インカムあるいはベーシック・インカム的な要求が位置づけられることになる。

隣国カナダでも１９７０年代より女性たちの福祉権運動があったが、２０００年代に入って、そうした福祉権フェミニズムや女性障害者たちによる、労働中心主義的な主流派フェミニズムへの批判的介入があり、現在ベーシック・インカムをめぐる議論が活発化している。

ユーロメーデーとプレカリティ運動

第2章で紹介したイタリアの運動、そして第3章で紹介したその理論化は、その後どうなったのだろうか。アウトノミア運動の申し子ともいうべき運動はその後も各地で断続的に起きており、その一部はベーシック・インカムを「市民権所得」という名前で主張している。

１９９４年、北米自由貿易協定発効と同時に起こった、メキシコ南部チアパスでの先住民族たちによる「サパティスタ解放軍」蜂起は、現在に至る北米やヨーロッパのいわゆる「反グローバリゼーション運動」に大きな影響を与えた。

イタリアでは、郊外の新興団地におけるコミュニティ空間の不足を背景に、「社会センター」を占拠などの形で自律的に形成し運営していく運動が、第2章で紹介した「女たちの闘い」の綱領を地でいくような形で展開されていた。こうした社会センター運動のなかから、サパティスタ蜂起に呼応するような形で反グローバリゼーション運動が盛り上がる。警察の弾圧に抗するために、デモ参加者が皆白いつなぎを着たことから、「白いつなぎ」としてこの運動は知られている。

その時の中心となった、資本主義反対や移民の権利を求める運動団体のネットワークは「ヤ・バスタ」と呼ばれていたが、これはサパティスタ蜂起のスローガンの一つ「もう沢山だ！（Ya basta!）」から来ており、このことからもサパティスタ蜂起がヨーロッパの社会運動に与えた影響の強さをみてとることができる。

この「ヤ・バスタ」も「白いつなぎ」運動も、ネオリベラリズムに反対し、移動の自由とベーシック・インカムを要求した。第3章で紹介したネグリらの議論のうち、『帝国』でのグローバルな市民権とベーシック・インカムの要求は、まさしくこの運動での要求を理論的に引き継いだものにほかならない。2001年のジェノバでの反G8行動の盛り上がりとイタリア当局による弾圧は、こうした運動の存在が、表面的ではあれ主要メディアを通じて日本をはじめ世界に報道される機会となった。

このジェノバでの反G8行動の準備中の2001年5月に、ヨーロッパ各地から不安定な雇用形態の労働者たちがミラノに集まって行われたメーデーをきっかけとして、2004年からヨーロッパ各地で「ユーロメーデー」が行われている。2001年にミラノに集まった参加者は約5000人だったが、2004年にはミラノとバルセロナで合わせておよそ10万人、2006年にはEU各地20都市で行われ、約30万人が参加した。メーデーの形態も、デモンストレーションのみならず、スーパーマーケットの中で勤務中の不安定労働者への働き掛けを行ったり、ショッピングモールの封鎖を試みるなど、正規労働者たちの制度化されたメーデーの風景とは際立って異なったものとなっている。

この背景には、ネオリベラリズムの下で進行する雇用の不安定化がある。経営者やEUや各国の官僚・政治家たちが雇用の柔軟性として言祝ぐ事態を、こうした運動に集まる人たちは不安定性＝プレカリティとして拒絶する。

彼（女）たちが、不安定就労者＝プレカリアス・ワーカーとして考えているのは、もちろん一つには、日本で「フリーター」という言葉でイメージされるような、製造業やサービス産業での、低賃金で不安定な雇用形態で働く労働者（チェーン・ワーカー）である。ミラノの活動家の一人アレックス・フォッティは、それに加えて、IT産業など新しい産業に従事する労働者（ブレーン・ワーカー）も、プレカリアス・ワーカーだという。なぜならそうした産業では、労働組合などが組織されておらず、たとえ雇用されている状態では比較的高賃金を享受していたとしても、ひとたび解雇されれば貧困に陥ってしまいがちだからである。そして対案として求めているのは、主流派の左翼が求める完全雇用＝生涯勤められるような安定した職ではない。柔軟性を、新しい産業形態に不可避のものとして受け入れつつ、しかし生活の保障を他方で求めていくという方向性である。柔軟性（Flexibility）と保障（Security）を掛け合わせた造語「フレキシキュリティ（Flexicurity）」はこの方向性を表す一つの言葉である。そのための選択肢の一つがベーシック・インカムである。

こうした各地の運動を軸としながら、ゆるやかなネットワークとして「ユーロメーデー・ネットワーク」は形成されている。ミラノの運動では当初からベーシック・インカムの主張がみられた。ユーロメーデー全体の要求とするかどうかについては議論が分かれていたところ、ドイツ、フィンランドなどのユーロメーデーでもベーシック・インカム要求が賛同を集めるようになり、２００８年のメーデーを前にベルリンで開かれたネットワークの集会で承認された以下の要求項目のなかにベーシック・インカムも含まれている（写真16、２６６ページ）。

▼訴追されている全ての移民の完全合法化
▼自己組織権と団結権の国家による抑圧からの自由
▼無条件のベーシック・インカム
▼ヨーロッパ生活賃金
▼文化・知識・技能へのアクセスの自由
▼廉価な住宅への権利

２００６年ヘルシンキでのユーロメーデーへの参加者の一人は、以下のように語っている。

私たちがベーシック・インカムについて語るとき、所得を失う恐怖に誰もさらされるべきではないということだけを主張しているのではない。現在失業者あるいは非生産的とラベルを貼られている多くの人々によって担われている不払い労働への報酬としてのベーシック・インカムをも要求しているのである。私たちは慈善が欲しいのではない。生産の非常に大きな割合は国家や賃金労働の領域内では遂行されえず、しかもそれらは社会的に生産的で価値があり重要であるという事実への承認が欲しいのである。

２００６年以降、ユーロメーデー・ネットワークには、ヨーロッパ外から一つの都市が参加している。東京である。フリーター全般労働組合の呼びかけで２００５年以降、東京では「自由と生存のメーデー」が開かれている。こうした独立系のメーデーは、ゆるやかに連携しながら、２００８年は名古屋、熊本、札幌、京都、福岡、松本、広島、岐阜（大垣市）、仙台、新潟、大阪、茨城（つくばみらい市）などで行われた。そのうちの幾つかではベーシック・インカムを要求する参加者もみられた。また２００７年にはベーシック・インカムを中心的な要求に掲げて富山でメーデーが行われた。

イタリアのマルケ州では、ベーシック・インカムの法制化を求める署名活動が行われてい

（写真16）ベーシック・インカムなどの要求を掲げるユーロメーデーのポスター

（写真17）イタリア・マルケ州でベーシック・インカムの法制化を求める運動のポスター　出所：Enzo Valentiniさんより提供

る（写真17）。こうした取り組みを踏まえて、次々回（2012年）のBIENの世界会議は当地で行われる予定だ。

＊　＊　＊

この章で本書を閉じるにあたって、今の日本で、どのような制度変革の先にベーシック・インカムを思い描くことができるのか、簡単に素描しておきたい。例えば第2章で触れたイギリスの要求者組合運動が、現実に存在する制度の利用をめぐる鬩《せめ》ぎ合いの先に、ベーシック・インカムやベーシック・コモンズを要求したように、私たちも現実に存在する制度を変革していくことの先に、ベーシック・インカムを考えることができるはずである。

一つは生活保護や児童扶養手当などの制度をより利用しやすい制度に変えていく方向性である。第1章でも述べたように、受給者数が増えることを嘆くのではなく、むしろ困窮者が増えているのに受給者数がその増加ほどには増えていないことをこそ、行政や政治、あるいは報道に携わる人々は問題視しなくてはいけないのではないか。そうなるかどうかは私たちの声次第である。

二つ目は、年金の税方式化の推進である。「消えた年金」が話題となって久しいが、この問題は期せずして社会保険方式の維持に掛かる膨大な人的・財政的運営コストの存在に光を当てているといってよいだろう。雇用保険や健康保険などと比べても年金は払い始めてから給付を受けるまでのタイムラグが大きく、そのコストも多大である。

ひるがえって諸外国をみると、いくつかの国では基礎部分の年金は税方式で賄われている国もある。自民党の政治家を含め、日本でもそうした声がある。税方式か保険方式かという議論は、財務省と厚生労働省とのあいだの利害にもからむが、本書の立場からすれば、そうしたことに矮小化されずに議論されるだけの意味を税方式はもっている。税方式の年金は高齢者対象のベーシック・インカムなのだから。そもそも保険は、あんまり起こってほしくない事柄、もっと直接的にいえば不幸・リスクへの対処法として発展してきた。海上事故、火災、交通事故、労災、疾病、失業などである。年を取ることは日本では不幸でありリスクなのだろうか。そろそろそんな思考法とは決別してもよいのではないだろうか。

三つ目は、児童手当の所得制限を撤廃し、給付対象を20歳未満の全人口に拡大すると同時に、給付額を増額していくことである。児童手当が導入されたときに尽力した人たちは「小さく産んで大きく育てる」といったが、いまだ小さいままだ。

ヨーロッパ各国の児童手当に当たる制度は、所得制限がなく、子どものいる全ての人が対象であることが普通である。日本でもまずそうすることが大事である。その上で第2章で紹介した運動がその増額を求めたように、実質の養育費を賄う額へと増額していくことが大事である。これは児童手当の理念を変えていくことである。日本では少子化対策の文脈で語られるが、そうではなく、これは子どもが貧困に陥ることなく生きる権利、そして養育する者がその養育のために貧困に陥ることなく生きる権利の問題として語られなくてはならない。

四つ目は、所得控除の給付型税額控除化である。日本における扶養控除などの所得控除は、課税最低限以下の低所得者層には全く意味が無い。これを第5章第4節で紹介したような給付型の税額控除に変える必要がある。これはアメリカやイギリスでは既に導入されている。

関連して2008年の給付金騒動は、いくつかの興味深い論点を私たちに喚起してくれている。まず第一に、所得保障には経済効果があるという、ケインズ的な議論はいまだ生きているということである。一回限りの給付に経済効果があるのなら、ベーシック・インカムのような定期的な給付には一層の効果があろう。第二に、定率減税より定額減税の方が、定額減税より給付金の方が、低所得者層に意味があるという議論は、正しい議論である。あまりこうした議論がこれまで顕在化してこなかったことの方が不思議である。第三に、こうした議論の経過は税と給付が一体のものとして議論すべきものであることを今後喚起しうる可能性がある（これは今のところまだ可能性としかいえないかもしれない。というのも給付金になった途端にお金持ちに配るのはおかしい、といった議論が噴出したが、もしそう思うのであれば減税の段階でそういいださないと筋が通らない）。

年金が税財源化され、児童手当が普遍化・増額され、給付型税額控除が導入されれば、多くの人がいわば部分的なベーシック・インカムを手にすることになる。こうなれば今のところ多くの人には、「絵にかいた餅」のように見えるベーシック・インカムが、より現実的なものとして現れてくるだろう。

図表10　ベーシック・インカム的な諸制度の相関図

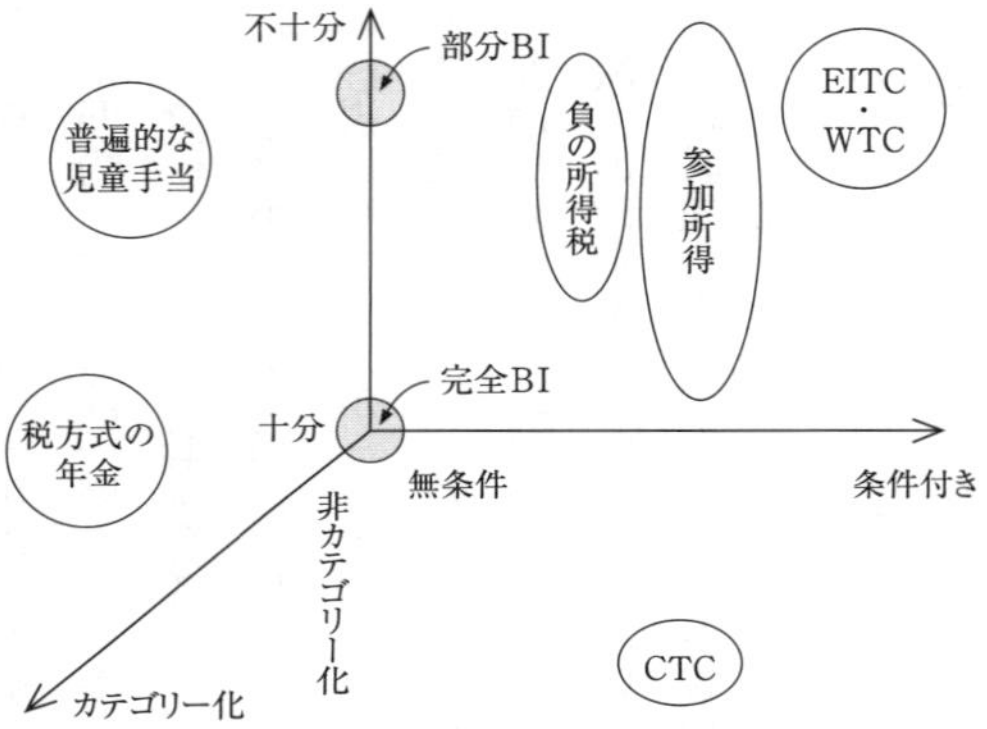

（出所）Fitzpatrick（1999）の図に着想を得ながら筆者作成

以上がベーシック・インカムそのものを推進するために可能な方向性のうちの一部である。このうち最初のもの以外の三つは、日本はともかく諸外国の福祉国家において既にあるベーシック・インカム的要素といってよいかもしれない。この福祉国家のなかにあるベーシック・インカム的要素と、ベーシック・インカムのいくつかの形態を整理すると図表10のようになるだろう。

これらに加えてベーシック・コモンズの促進のための方向性として、さらに考え付くことをあげていこう。

五つ目は、住宅ローン減税をやめ、公営住宅の整備を進めるという方向性である。住宅ローン減税はローンを組んで家を買うことのできない人には意味が無い。

六つ目は、道路特定財源の使用は、道路建設から、公共交通機関や医療機関の整備、そして育児・家事・介護などの社会化費用に変えるべきである。道路がよくないために都市の病院へ行けないということが問題なら、道路を立派にすることだけが解決策ではない。その地域に病院や学校がちゃんとあるようにすることも、もう一つの解決策ではないのだろうか。

｛第6章のまとめ｝

▼ベーシック・インカムを議論する学者や政治家、市民のネットワークは世界規模に拡大している。

▼こうしたネットワークの中でベーシック・インカム概念は精緻化されると同時に、その多様性も保持されている。

▼ブラジルや南アフリカ、ナミビアなど、いわゆる発展途上国でも議論が盛んである。

▼欧州や北米の各国の緑の党のなかにはベーシック・インカムを推進しようとしているものもある。

▼〈緑〉の運動や第2章で紹介した運動から分かることは、ベーシック・インカムはベーシック・コモンズとでも呼びうるものと一緒に主張されてきた。

▼ヨーロッパではグローバリゼーションと労働の不安定化の進展のなかで、プレカリティ運動と呼ばれる運動が起こり、日本のフリーター労組などとも繋がりがあるが、こうした動きの中でもベーシック・インカムは要求されている。

▼日本で具体的に考えられる道筋としては、年金の税財源化、児童手当の普遍化・増額、給付型税額控除の導入などが考えられる。

＊ベーシック・インカムに関するQ＆A

Q　ベーシック・インカム運動は、今の所得保障の仕組み（生活保護など）の中での取り組みを否定するのだろうか？

A　そうではない。これまでのベーシック・インカム要求は、既存の所得保障制度への取り組みの中から出てきた（第2章参照）。ベーシック・インカムを一つの理念、裏付けとして、現行制度の中で少しでもまともな給付を求めること、現行制度の改悪を許さないことは全くベーシック・インカムの要求とは矛盾しない。

Q　ベーシック・インカムの生活の必要に足る所得は、生活保護水準のことだろうか？

A　違う。現在の生活保護水準は平均世帯の消費水準の6、7割程度で決められている。こんな決め方に（そして現在の削減の動きにも）正当な根拠があるだろうか。このあたりから根本的に問うていくことも必要だ。

Q　ベーシック・インカムは働く権利の否定じゃないの？

A　確かにベーシック・インカムの考え方は「働かない権利」とも手を携えて登場してきた。しかし失業者の運動の中でベーシック・インカムが要求されたように（19

30年代、1970年代のイギリス、1930年代のカナダ)、ベーシック・インカムは賃金労働を(必ずしも)否定しない。否定しようとしているのは飢餓への恐怖によって劣悪な賃金労働へ追い立てられることである。そのうえで賃金労働であれ、別の形態の労働であれ「働きたいのに働く場がない」といった問題には、ベーシック・インカムは直接は答えられない。別の運動が必要である。

Ｑ　理念は分かった。でも「働かざる者、食うべからず」というこの社会で、現実味はないのではないか?

Ａ　この社会では、たまたまお金持ちの家に生まれた人であれば、働かずに暮らしていくこともできたりする。本当に「働かざる者、食うべからず」という社会なのだろうか。もし「働かざる者、食うべからず」と本気で思うなら、まず相続税を100%にするべきではないだろうか。それもいいのかもしれないけれど、ちょっと立ち止まって、「衣食足りて礼節を知る」という知恵にも耳を傾けてみては。

Ｑ　でも、どうしてお金持ちにもお金を配るの?

Ａ　お金持ちでも公立小学校に行けて、公立図書館が使えて、自治体のごみ収集サービスを利用できる。同じようにベーシック・インカムも給付を受ける。お金持ちをサービスから排除するためには選別のための費用も余分にかかってしまうし、一部の人しか利用できない制度はなかなか良い制度にならない可能性もある。それから蛇足かも知れないけれど、現在の制度でも、税控除などの形で、中・高所得者層も、国からお金をもらっている計算になる。

Ｑ　ベーシック・インカムが導入されてしまったら、「きつい」「危険」「汚い」——いわゆる３Ｋ仕事に従事する人がいなくなってしまう。

Ａ　従事したいという人がいれば、それこそそこで市場の需要と供給の原則の出番である。仕事が同じ状態のままならば賃金が上がるだろう。３Ｋ仕事の賃金の方が大学教員の給料より高くて当然かもしれない。また「きつい」仕事や「汚い」仕事は労働時間を短縮したり、またきつくなくするような技術革新に投資したり、「危険」な仕事は危険度を低くする工夫がなされたり、といったことがなされるようになるだろう。

おわりに　衣食足りて……？

しばらく前に、新聞に依頼されてベーシック・インカムの紹介を書いたことが数度ある。そのうちの一回は「衣食足りて礼節を知る」という、私たちが伝承してきた含蓄のある言葉に訴えかけようとしたものだった（毎日新聞、２００７年４月29日、東京本社版）。しかし「衣食足りたら働かなくなるのではないか？」というご批判をたいそう頂いた。

本書の当初の構想は「働かざる者、食うべからず」と「衣食足りて礼節を知る」という二つの格言のあいだを行き来するものであったが、どうやら「衣食足りて礼節を知る」という格言はもはや辞書のなかにしかないらしいと思い知った。というわけで本書は「働かざる者、食うべからず」という格言のまわりをぶつぶつ言いながらうろうろするような体裁のものとなった。

日本におそらく最初にベーシック・インカムが紹介されたのは、もう90年近く前である。間奏で触れたラッセルの『自由への道』は1920年に翻訳されている。第4章で触れたC・H・ダグラスは1929年に来日したが、その前後に彼の社会クレジット運動は日本に紹介されていた。また、第4章のコラムで触れたように、ヴァン＝パレイスの起源の説明を受け入れた上で、彼のヨーロッパ中心的な知識から私たちが解放されるならば、1000年以上前の律令国家の建前もベーシック・インカム的なものだったということになる。1970年代には経済学者たちによって、第5章で紹介したアメリカの負の所得税論議が日本に紹介された。しかし、より広い概念としての保証所得は必ずしも当時の日本の学者たちには理解は広まらなかったようである。そして、既存の所得保障の枠組みへの異議申し立てである保証所得が、なぜか所得保障一般と混同されて紹介されるという傾向が続いている。

他方、ベーシック・インカムこそ要求しなかったが、1970年代のイタリアの運動と同様の論理が日本にもあったことは第3章第3節で紹介したとおりである。イタリアの運動は1980年代に日本にも紹介されたが、その優れた紹介者の一人、小倉利丸は1990年に

「個人賃金」という形で日本にベーシック・インカムを提起した。筆者がこの概念に初めて触れたのもそのころである。

学術的な研究が本格化したのは10年くらい前からである。そのメルクマールはなんといっても小沢修司の一連の研究であろう。彼の『福祉社会と社会保障改革』は、終章に日本でのベーシック・インカムの試算を含んでいる。本書では屋上屋を架すことをしなかったので、議論のとっかかりとして試算を読んでみたい、あるいは自ら試算したいという向きは、こちらを参照してほしい。また、ベーシック・インカムについてのイギリスの学術書（フィッツパトリック『自由と保障』、１９９９年）、あるいはドイツの経営者が書いた啓蒙書（ヴェルナー『ベーシック・インカム』、２００６年）も翻訳された。さらに、『海外社会保障研究』、『ＶＯＬ』などの雑誌がベーシック・インカムの特集を組んでいる。学会関係としては、日本障害学会でベーシック・インカムについてのシンポジウムが開かれたり（２００７年９月）、日本フェミニスト経済学会でベーシック・インカムを共通論題にした大会が行われたり（２００８年４月）している。その他、社会政策学会、社会福祉学会など複数の学会でもベーシック・インカムは取り上げられている。また、間奏などで触れたヴァン＝パレイスは２００６年に来日し、福岡で開催された国際政治科学学会や、立命館大学で講演を行っている。直近では2008年に、『シティズンシップとベーシック・インカムの可能性』という学術論文集も出版された。

現在、ベーシック・インカムを要求している団体としては、私の知る限り以下の二つがある。

▼ベーシック・インカム研究会・東京（東京）

▼ベーシック・インカム要求者組合（京都）

また、第6章でも触れたように、ベーシック・インカム論議を促進するためのネットワークとして、ベーシック・インカム日本ネットワーク準備研究会が現在、BIENなどと連携しながらネットワーク設立に向けて準備を進めているところである。

本書の企画を持ちかけてくれたのは光文社新書編集部の小松現さんである。たしか、ベーシック・インカム研究会・東京の初回ティーチ・インで私が呼ばれた時のビラをどこかの大学構内でご覧になって、ということだったと記憶している。当初、私の方では、いわゆる新書での一般的な経済本を書くつもりでいたのが、しばらくして小松さんが京都まで訪ねてきてくださって、「本当に伝えたいものであれば、特に新書ということを意識しなくてもかまわない」と仰って下さったので、当時、新書という形で出版することは想定せず書きためていた原稿を書き直すことにした。

その原稿は、ベーシック・インカムについての既発表論文の一部（山森2003、2004、Yamamori 2006 の一部と重なる内容が本書にあることをお断りしておく）に加えて、2006年から断続的に続いている堅田香緒里さんとの共同研究の過程で書かれていたものである。彼女は当時、イギリスで全く別の研究に従事していた私に、現在の日本でベーシック・インカムを主張することの重要性を思い起こさせてくれた。私たちは現在、本書第2章の内容に関連した共同研究を行っている。なお、第2章第3節については Roger Clipsham（バーミンガム）、Jack Grassby（サウス・シールズ）、Thomas Ashton（リバプール）、Bill Jordan（ニュートン・アボット）といった、イギリスの要求者運動の活動家たち、そして名前をここでは記せないが、インタビューに応じてくれた要求者組合のメンバーたちに多くを負っている。

第2章第1節の内容について調べ始めるきっかけとなったのは、筆者が2005年にイギリスで開かれた「非物質的労働」をめぐる会議で報告を行った時の、アメリカからの参加者たちのコメントである。彼らとの議論から多くを教わった。第2章第2節および第3章は、

Andrea Fumagalli と Stefano Lucarerri を始め、イタリアの友人たちからの教示に多くを負っている。第1章で触れたワークフェアについては小林勇人さんとの議論に助けられている。第1章と第5章で触れた給付型税額控除については、田中聡一郎さんに多くを教わった。また、彼との共同研究（Yamamori and Tanaka 2006）からも刺激を受けた。社会保障関連の統計に関して、四方理人さんにご教示をうけた。第3章コラムと間奏で触れたヴァン＝パレイスの議論については、村上慎司さんにも多くを負っている。

もちろん、誤りがあれば全て筆者が責を負う。また参考資料の収集に際して、前述の方々に加え、ケンブリッジ大学図書館及び同志社大学図書館にもお世話になった。なお、本書で引用している文献のうち、翻訳のあるものについては可能な限りその訳文に従ったが、原文でベーシック・インカムないし保証所得となっているものが所得保障一般や賃金として翻訳されている場合など、いくつか必要に応じて適宜改変している場合がある。

巻末にあるように、本書は視覚障害・肢体不自由などの理由で必要とされる読者のためにテキスト・データ引換券をつけている。明石書店、生活書院などで行われている方法である。筆者の質問に快くご教示くださった生活書院の編集者の方、および光文社では初めてとなる試みを認めて下さった編集者の小松さんにお礼申し上げる。

「はじめに」で述べたように、1990年代の初頭にベーシック・インカムについて私が初めて耳にしたとき、むしろ違和感を覚えた。それは、未払いの給与を求めているのに、施しをされる感覚。無罪判決を求めているのに、恩赦されてしまう感覚であった。

その違和感がどのように解消されていったかはかなり個人的な話になるので割愛するが、答えの一端は本書の記述のなかで書けたのではないかと思いたい。つまり、裁判の喩えでいえば、ベーシック・インカムは恩赦ではなくて、弁護人をつけたり法廷へのアクセスの保障といった、裁判を公正に成立させる前提条件であり、裁判の結果如何にかかわらず保障されなくてはならないものである。だから、どんな闘いにとってもベーシック・インカムはゴールではなく、当たり前のものとして獲得すべきものではないのか。そうした前提条件が整ったうえで、比喩的にいえば裁判の結果が勝つのか負けるのか（例えば賃金が上がるのか下がるのか）は、その先の相対的に別個な問題である。Q&Aでも触れたように、素朴に考えれば、嫌がる人の多い、いわゆる「汚れ仕事」の賃金は上がるかもしれない。一方、機械化が進んだ結果、逆にやりたい人の多い仕事の給料は下がるかもしれない。例えば、大学では現在、専任教員の給料が清掃労働者の賃金を上回っている場合が多いが、これがもしかしたら逆転するかもしれない。

期せずして（まったくもって私の怠惰によって他の出版企画の刊行が遅れているため）、この本が私にとって最初の単著ということになる。ベーシック・インカムなき社会で、私を育ててくれた父と母に、この場を借りて感謝したい。最後になるが、生き急いだ友人たちの思い出にこの本を捧げたい。

―― (1995) *Real Freedom For All: What (if anything) can Justify Capitalism?* (Oxford: Oxford University Press).
Werner, Götz W. (2006=2007)『ベーシック・インカム：基本所得のある社会へ』(渡辺一男訳) 現代書館.
山森亮 (2003)「基本所得：多なる者たちの第二の要求によせて」『現代思想』vol.31, no.2, 青土社.
―― (2004)「基本所得と福祉国家」『経済セミナー』no.597.
―― (Toru Yamamori) (2006) "Una Sola Moltitudine: Autonomous claimants' struggles for the second programme of Multitude in Italy, the UK and Japan", http://www.geocities.com/immateriallabour/yamamoripaper2006.html (2008 年 3 月 20 日最終閲覧).
―― (2007)「租税原理神話を超えて：マーフィー&ネーゲル『税と正義』におけるベーシック・インカムの提言」『思想』, no.1002, 岩波書店.
Toru Yamamori & Soichiro Tanaka (2006) "Recognition and Basic Income in the case of Japan", Mansfred Fuellsack (eds.) *Globale soziale Sicherheit*: *Grundeinkommen-weltweit?* (Berlin: Avinus-Verlag).
山野良一 (2008)『子どもの最貧国・日本：学力・心身・社会におよぶ諸影響』光文社新書.
横塚晃一 (1981)『母よ！殺すな (増補版)』すずさわ書店.

Paine, Thomas (1791-2=1971)『人間の権利』(西川正身訳) 岩波文庫.
—— (1797) *Agrarian Justice* (Paris; W. Adlard).
Pound, Ezra (1987) *The Cantos, Fourth Collection edition*, (London: Faber and Faber).
Russell, Bertrand (1918=1920)『自由への道』(板橋卓一ほか訳) 日本評論社.
—— (1935=1958)『怠惰への讃歌』(堀秀彦・柿村峻訳) 角川文庫.
Rhys-Williams, Juliet (1943) *Something to Look Forward To: A Suggestion for a New Social Contract* (London: Macdonald & Co).
—— (1965) *A New Look at Britain's Economic Policy* (Harmondsworth, Middlesex, England: Penguin Books Ltd).
Robertson, James (1985=1988)『未来の仕事』(小池和子訳) 勁草書房.
—— (1994) *Benefits and Taxes: A Radical Strategy* (The New Economics Foundation).
Spence, Thomas (1797) "The Rights of Infants", in Gallop, G.I. ed. (1982) *Pigs' Meat: Selected Writings of Thomas Spence: Radical and Pioneer Land Reformer*, (Nottingham: Spokesman).
Stigler, George (1946) "The Economics of Minimum Wage Legislation", *American Economic Review*, 36.
Stiglitz, Joseph E. (2000=2003-4)『スティグリッツ公共経済学:第2版(上・下)』(藪下史郎訳) 東洋経済新報社.
橘木俊詔・浦川邦夫 (2006)『日本の貧困研究』東大出版会.
武川正吾編著 (2008)『シティズンシップとベーシック・インカムの可能性』法律文化社.
田中聡一郎 (2007)「ワークフェアと所得保障:ブレア政権下の負の所得税型の税額控除の変遷」埋橋孝文編著『ワークフェア:排除から包摂へ?』法律文化社.
立岩真也 (1998)「一九七〇年」、『現代思想』vol.26, no.2, 青土社.
Theobald, Robert (ed.) (1966=1968)『保障所得:経済発展の新段階』(浜崎敬治訳) 法政大学出版局.
Tilmon, Johnnie (1972) "Welfare is a Women's Issue", *Ms.* preview issue.
Thompson, Edward P. (1980=2003)『イングランド労働者階級の形成』(市橋秀夫・芳賀健一訳) 青弓社.
土田杏村 (1930)『生産経済学より信用経済学へ』第一書房.
埋橋孝文 (1999)「公的扶助制度の国際比較—OECD24カ国のなかの日本の位置」『海外社会保障研究』no.127.
Van Parijs, Philippe (1993) *Marxism Recycled* (Cambridge: Cambridge University Press).

国立社会保障・人口問題研究所「『生活保護』に関する公的統計データ一覧」http://www.ipss.go.jp/s-info/j/seiho/seiho.asp（2008年8月27日最終閲覧）.
駒村康平（2003）「低所得世帯の推計と生活保護」慶應義塾大学『三田商学研究』第46巻3号.
Kornbluh, Felicia（2007）*The Battle for Welfare Rights: Politics and Poverty in Modern America*（Philadelphia: University of Pennsylvania Press）.
倉本智明（1997）「未完の〈障害者文化〉：横塚晃一の思想と身体」『社会問題研究』第47巻第1号.
Lumley, Robert（1990）*States of Emergency: Cultures of Revolt in Italy from 1968 to 1978*（London: Verso）.
牧野久美子（2002）「ベーシック・インカム・グラントをめぐって：南アフリカ社会保障制度改革の選択肢」『アフリカレポート』第34号.
Mead, Lawrence M. and Christopher Beem（eds.）（2005）*Welfare Reform and Political Theory*（New York: Russel Sage Foundation）.
Meade, James E.（1972）"Poverty in the Welfare State", *Oxford Economic Papers*, 24-3.
Mill, John Stuart（1849 2nd edition =1959-1963）『経済学原理（一）～（五）』（末永茂喜訳）岩波文庫.
Movimento di Lotta Femminile, Padova（1971）"Programmatic Manifesto For The Struggle of Housewives in the Neighborhood", in *Socialist Revolution* no.9, 1972.
Nadasen, Premilla（2005）*Welfare Warriors: The Welfare Rights Movement in the United States*（New York: Routledge）.
Negri, Antonio（1989=2000）『転覆の政治学：21世紀へ向けての宣言』（小倉利丸訳）現代企画室.
——（2002=2003）『ネグリ生政治的自伝　帰還：歴史・地理・地図』（杉村昌昭訳）作品社.
根岸毅宏（2006）『アメリカの福祉改革』日本経済評論社.
西村和雄（1986）『ミクロ経済学入門』岩波書店.
野上秀雄（1999-2002）『歴史の中のエズラ・パウンド』http://www1.seaple.icc.ne.jp/nogami/epihc.htm（2007年9月1日最終閲覧）.
小倉利丸（1985）『支配の「経済学」』れんが書房新社.
逢坂隆子・坂井芳夫・黒田研二・的場梁次（2003）「大阪市におけるホームレス者の死亡調査」『日本公衆衛生雑誌』50（8）.
小沢修司（2002）『福祉社会と社会保障改革：ベーシック・インカム構想の新地平』高菅出版.

―― (1968=1970)『希望の革命 : 技術の人間化をめざして〈改訂版〉』(作田啓一・佐野哲郎訳) 紀伊國屋書店 .
Galbraith, John Kenneth (1958: 1969 2nd ed.: 1998 5th ed.=1960,1970,2006)『ゆたかな社会』(鈴木哲太郎訳) 岩波書店 .
後藤正紀 (1959)「児童収容施設における人事管理について」『社会事業』42-1, 全国社会福祉協議会 .
Green Party of the United States (2004) "Platform of the Greens" http://www.gp.org/platform/2004/2004platform.pdf (2008 年 3 月 20 日最終閲覧).
Hardt, Michael and Antonio Negri (2000=2003)『帝国』(水嶋一憲・酒井隆史・浜邦彦・吉田俊実訳) 以文社 .
―― (2004=2005)『マルチチュード :〈帝国〉時代の戦争と民主主義 (上・下)』(幾島幸子訳) NHK ブックス .
廣瀬純 (2007)「ベーシック・インカムの上下左右 : 運動なき BI はつまらない」『VOL』no.2, 以文社 .
廣重準四郎 (1985)「スピーナムランド制度成立の基礎構造 : バークシアを中心に」『西洋史学』139 号 .
―― (1989a)「産業革命期イギリスにおけるスピーナムランド制度の展開 (1)」『経済論叢』vol.143, no.1.
―― (1989b)「産業革命期イギリスにおけるスピーナムランド制度の展開 (2)」『経済論叢』vol.143, no.2-3.
Hutchinson, Frances and Brian Burkitt (1997) *The Political Economy of Social Credit and Guild Socialism* (London: Routledge).
Irish Government (2002) *Basic Income: A Green Paper.*
関西青い芝の会連合会常任委員会 (1975)『関西青い芝連合』no.2 http://www.arsvi.com/0m/k0102.htm (2007 年 9 月 2 日最終閲覧).
Katsiaficas, George (1997) *The Subversion of Politics: European Autonomous Social Movements and the Decolonization of Everyday Life* (New Jersey: Humanities Press).
勝又幸子 (2000)「社会保障給付費の国際比較データの見方と分析」『海外社会保障研究』no.130.
Keynes, John Maynard (1936=1995)『雇用・利子および貨幣の一般理論』(塩野谷祐一訳) 東洋経済新報社 .
―― (1980=1996)『ケインズ全集第 27 巻 : 戦後世界の形成 : 雇用と商品 : 1940-46 年の諸活動』(平井俊顕・立脇和夫訳) 東洋経済新報社 .
King, Martin Luther, Jr., (1967=1999)『黒人の進む道 : 世界は一つの屋根のもとに』(猿谷要訳) 明石書店 .

＊参考文献

Abramovitz, Mimi (2000) *Under Attack, Fighting Back:Women and Welfare in the United States* (New York: Monthly Review Press).

Atkinson, Anthony B. (1993) "*Participation Income*", *Citizen's Income Bulletin*, no.16.

—— (1995) *Public Economics in Action: The Basic Income/ Flat Tax Proposal* (Oxford: Clarendon Press).

Ayres, Clarence E. (1952) *The Industrial Economy: Its Technological basis and Institutional Destiny* (Cambridge:Massachusetts: The Riverside Press).

Bono, Paola and Sandra Kemp. (1991) *Italian Feminist Thought: A Reader.* (Oxford: Blackwell).

Bowles, Samuel and Herbert Gintis (1998=2002)『平等主義の政治経済学』(遠山弘徳訳) 大村書店.

Bradshow, J.・埋橋孝文 (1997)「ワンペアレント・ファミリーに対する税・社会保障給付パッケージ—20カ国国際比較を通して」『季刊　家計経済研究』第33号.

Burke, Edmund (1790=2000)『フランス革命についての省察（上・下)』(中野好之訳) 岩波文庫.

Charlier, Joseph (1848) "Solution of the Social Problem or Humanitarian Constitution, Based upon Natural Law, and Preceded by the Exposition of Reasons", in Cunliffe, John and Guido Erreygers (2004) *The Origins of Universal Grants: An Anthology of Histrical Writings on Basic Capital and Basic Income* (Palgrave Macmillan).

ダラ・コスタ, マリアローザ (1986) (伊田久美子・伊藤公雄訳)『家事労働に賃金を：フェミニズムの新たな展望』インパクト出版会.

Durant, Sam (2007=2008)『ブラックパンサー：エモリー・ダグラスの革命アート集』(鎌田裕子訳) ブルース・インターアクションズ.

Fitzpatrick, Tony (1999=2005)『自由と保障：ベーシック・インカム論争』(武川正吾・菊地英明訳) 勁草書房.

Friedman, Milton (with the Assistance of Rose D. Friedman) (1962=1975)『資本主義と自由』(熊谷尚夫・西山千明・白井孝昌訳) マグロウヒル好学社.

Fromm, Erich (1955=1958)『正気の社会』(加藤正明・佐瀬隆夫訳) 社会思想社.

●本書のテキストデータを提供します

視覚障害、肢体不自由などを理由として必要とされる方に、本書のテキストデータを提供いたします。200円切手と返信用封筒（住所明記）と下のテキストデータ引換券（コピー不可）を同封の上、下記の住所までお申し込みください。

＜あて先＞
〒112-8011
東京都文京区音羽1-16-6
(株）光文社　新書編集部
『ベーシック・インカム入門』テキストデータ係

テキストデータ
ベーシック・インカム入門
引　換　券

山森亮（やまもりとおる）

1970年生まれ。京都大学大学院経済学研究科修了。同志社大学経済学部教員。Basic Income Earth Network理事。著書に *Basic Income in Japan*（共編、Palgrave Macmillan）、『労働と生存権』（編著、大月書店）、『貧困を救うのは、社会保障改革か、ベーシック・インカムか』（共著、人文書院）など。イギリス労働者階級の女性解放運動のオーラルヒストリー研究で2014年 *Basic Income Studies* 最優秀論文賞を受賞。必要概念の経済思想史研究で2017年欧州進化経済学会K. W.Kapp賞を受賞。

ベーシック・インカム入門《にゅうもん》　無条件給付《むじょうけんきゅうふ》の基本所得《きほんしょとく》を考《かんが》える

2009年2月20日初版1刷発行
2020年5月20日　　10刷発行

著　者 —— 山森　亮
発行者 —— 田邉浩司
装　幀 —— アラン・チャン
印刷所 —— 萩原印刷
製本所 —— ナショナル製本
発行所 —— 株式会社光文社
東京都文京区音羽1-16-6（〒112-8011）
http://www.kobunsha.com/
電　話 —— 編集部03(5395)8289　書籍販売部03(5395)8116
業務部03(5395)8125
メール —— sinsyo@kobunsha.com

　ISBN 978-4-334-03492-4

光文社新書

221
下流社会
新たな階層集団の出現
三浦展

「いつかはクラウン」から「毎日百円ショップ」の時代へ――。もはや「中流」ではなく「下流」化している若い世代の価値観、生活、消費を豊富なデータから分析。階層問題初の消費社会論。

316
下流社会　第2章
なぜ男は女に〝負けた〟のか
三浦展

全国1万人調査でわかった！「正社員になりたいわけじゃない」「妻に望む年収は500万円」「ハケン一人暮らしは〝三重楽〟」。男女間の意識ギャップは、下流社会をどこに導くのか？

376
女はなぜキャバクラ嬢になりたいのか？
「承認されたい自分」の時代
三浦展　柳内圭雄

15～22歳の女子の2割がキャバクラ嬢になりたい！　この価値観の大転換の背景にあるのは、格差社会の拡大、地域社会の解体、高齢化、離婚の増加……。『下流社会』の論客が鋭く分析。

166
オニババ化する女たち
女性の身体性を取り戻す
三砂ちづる

行き場を失ったエネルギーが男も女も不幸にする!?　女性保健の分野で活躍する著者が、軽視される性や生殖、出産の経験の重要性を説き、身体の声に耳を傾けた生き方を提案する。

237
「ニート」って言うな！
本田由紀　内藤朝雄
後藤和智

その急増が国を揺るがす大問題のように報じられる「ニート」。日本でのニート問題の論じられ方に疑問を持つ三人が、各々の立場からニート論が覆い隠す真の問題点を明らかにする。

359
人が壊れてゆく職場
自分を守るために何が必要か
笹山尚人

賃金カット、いじめ、パワハラ、解雇、社長の気まぐれetc.弁護士が見聞した、現代の労働現場の驚くべき実態。「こんな社会」で生きるために、何が必要か。その実践的ヒント。

367
子どもの最貧国・日本
学力・心身・社会におよぶ諸影響
山野良一

7人に1人の児童が困窮し、ひとり親家庭はOECDで最貧困。日本は米国と並び最低水準の福祉だ。日米での児童福祉の現場経験をふまえ、理論・統計も使い、多角的に実態に迫る。